CASE 革命

2030智能汽车时代

［日］中西孝树 著

何晓磊 杨范蠡 译

上海交通大学出版社
SHANGHAI JIAO TONG UNIVERSITY PRESS

内容提要

本书是日本汽车领域知名专家中西孝树经多年行业观察后撰写的独特见解，以丰富的案例详解 CASE 革命中汽车大国的产业战略和相关企业的研发现状，穿插对前沿技术的介绍和分析，可以引导读者把握 CASE 革命的全貌，为企业或个人提供相关问题的分析参考和解决方案，是汽车产业从业者、研究者的必读书籍。

图书在版编目(CIP)数据

CASE 革命：2030 智能汽车时代／（日）中西孝树著；何晓磊，杨范蠡译. —上海：上海交通大学出版社，2021
ISBN 978 - 7 - 313 - 24167 - 2

Ⅰ. ①C… Ⅱ. ①中…②何…③杨… Ⅲ. ①智能控制—汽车 Ⅳ. ①U46

中国版本图书馆 CIP 数据核字（2020）第 228495 号

上海市版权局著作权合同登记号：图字：09 - 2019 - 433

CASE 革命：2030 智能汽车时代
CASE GEMING：2030 ZHINENG QICHE SHIDAI

著　者：[日]中西孝树　　　　　　译　者：何晓磊　杨范蠡
出版发行：上海交通大学出版社　　　地　址：上海市番禺路 951 号
邮政编码：200030　　　　　　　　 电　话：021 - 64071208
印　制：苏州市越洋印刷有限公司　　经　销：全国新华书店
开　本：880 mm×1230 mm　1/32　印　张：8.125
字　数：181 千字
版　次：2021 年 3 月第 1 版　　　　 印　次：2021 年 3 月第 1 次印刷
书　号：ISBN 978 - 7 - 313 - 24167 - 2
定　价：88.00 元

版权所有　侵权必究
告读者：如发现本书有印装质量问题请与印刷厂质量科联系
联系电话：0512 - 68180638

译者序

从第一次工业革命开始,尤其是在福特 T 型车诞生之后,汽车产业经历了一百多年的高速蓬勃的成长。汽车产业的兴衰不仅是一个国家综合工业能力的体现,还是一个国家民族经济兴衰的体现。但是,这样一个支柱型产业即将进入历史的拐点,面临着一场巨大的变革。这场被称为"CASE 革命"的变革将改变整个汽车产业技术的发展方向,改变这个产业参与者之间的关系,改变各个国家之后的工业水准及世界地位。所以,这场 CASE 革命不仅仅属于汽车行业,还属于各个产业,更属于各个国家。

首先,大众汽车的柴油发动机造假事件给汽车产业未来的发展带来了历史性的重大转折。困难重重的欧洲汽车产业为了改善自己在汽车行业所处的窘境开始了 CASE 革命,试图通过开辟新的赛道来扭转自己的颓势。这对中国企业来说也是一个绝好的机会。正如近几年中国企业在电子产业方面不断赶超美国、日本和韩国一样,当汽车从一个需要磨合技术的工业产品变成了一个模块化组装的电子产品之后,中国企业的机会来临了。

其次,汽车产业参与者的角色也发生了很大的改变。目前为止汽车产业是一个由整车厂主导的产业链,然而 CASE 革命来临后,一直处于汽车行业配角地位的零部件厂商(一级、二级或者三级供应商）也觉察到了机会，这是一个可以颠覆它们和整车厂关系的机会，一直处于被动且利润低微的零部件厂商可以通过这次革命翻身做主人，原来只能喝汤的零部件厂商有了大块吃肉的机会。不仅如此，原来和汽车产业关联较少的互联网公司也看到 CASE 革命给自己带来的希望，通过 CASE 革命它们也许可以成为汽车行业的主宰者，对于互联网公司而言这绝对是一个千载难逢的机会。站在这个汽车产业的历史拐点，面对全球最大的支柱型产业，群雄逐鹿中原。

最后，CASE 革命和工业 4.0 一样，也许初看是一个企业的战略，然而又不限于一个企业的战略，而是牵涉到一个国家的战略。近些年，在日本，CASE 革命和日本政府最新制定的社会5.0 紧密联系在一起。汽车产业原本就是国家支撑型产业，所以 CASE 革命会比工业 4.0 更贴近国家战略，也许 100 年后各国的全球地位也将受这次革命的影响。

在聊完汽车行业的 CASE 革命之后，让我们跳出汽车行业再来审视一下 CASE 革命，CASE 革命其实是一套完整的产品进化理论。CASE 革命和日本 VE 协会（全称：公益社团法人日本价值工程协会）研究的产品进化理论是完全契合的。诞生于20 世纪 60 年代的日本 VE 协会一直致力于研究产品的进化方法，协会总结出了事物发展的三大进化趋势，第一个是事物本身原理的进化，在 CASE 革命中对应的就是电动化。第二个是人的介入的减少，在 CASE 革命中对应的就是智能化。第三个是使用环境和用途的改变，在 CASE 革命中对应的就是网联化和共享化，无独有偶的是特斯拉的地下高速公路也是属于使用环境的变化。由此可见，CASE 革命不仅是一场汽车的革命，还是一套完整的事物进化理论。所以，CASE 革命将不会仅仅局限于汽车行业,它只是一个开端,不久的将来各个行业都会爆发自己的 CASE 革命。

最后,非常荣幸能有机会在这个历史的转折点翻译这本重要著作,也非常感谢上海交通大学出版社人文分社赵斌玮副社长及出版社同仁的关照。在本书中,为了方便读者了解 CASE 革命的来龙去脉,中西孝树先生特意对 CASE 革命的时间轴进行了详细梳理,希望越来越多中国的读者可以通过这本书了解到真实的 CASE 革命,并在此基础上预测它未来的趋势及影响。最后衷心地期望中国的相关企业,以及我们热爱的祖国——中华人民共和国,可以在这次 CASE 革命中实现弯道超车,引领后 100 年的全球经济。

上海泰泽投资咨询有限公司　执行董事
公益社团法人日本价值工程协会　秘书长助理　华语圈总负责
何晓磊

目　录

序　章
席卷汽车产业的 CASE 革命

第一节　改变世界潮流的 大众柴油车丑闻

违法代码

目前德国最大的汽车制造商是大众汽车公司（德语 Volkswagen，VW）。大众汽车公司（VW）的总部当时设在德国北部的下萨克森州的沃尔夫斯堡，那是一座有着 12 万人口的小工业城市。

宝马（BMW）的总部则设在充满生气和时尚气息的慕尼黑，而戴姆勒（Daimler AG）、保时捷（Porsche）、博世（Bosch）等知名德国汽车公司的总部则设在被称为"森林中的文化都市"的斯图加特。与德国南部明媚光亮的氛围不同，在希特勒的指令下作为肩负着工业化使命的规划城市发展起来的沃尔夫斯堡，时常弥漫着寒冷沉重的氛围。这里除了红砖建造的大众总部的办公楼，有着 4 根巨大烟囱的工厂，以及相邻的被称作"沃尔夫斯堡汽车城"的汽车主题公园以外，基本上什么都没有。

这是十多年前的一件事情：

2006 年 11 月，位于沃尔夫斯堡的大众公司总部 7 层的会议室里，聚集了约 15 名工程师。他们围绕着"是否应该将一款被称作'Defeat Device'的违法代码秘密装入即将投入美国市场的新型内燃机（EA189 型发动机）"展开了激烈的讨论，最终他们决定嵌入 Defeat Device 代码。大众在战略车型的清洁内燃机内装入违法的 Defeat Device 代码，旨在对抗在美国博取人气的混合动力车丰田"普锐斯"（Prius）。他们被下达了要超越丰田汽车的任务，昭示着大众意图成为世界第一的野心。

Defeat Device 代码是一个为了逃避尾气检测限制，而在发动机控制系统中装入的违法软件。当识别到汽车位于"汽车底盘测功机"的试验装置台上时，Defeat Device 会启动尾气净化系统（在台上汽车不会转动方向盘，因此通过在车载电脑中提前设置程序，可使其识别出汽车处于测试状态），当识别出汽车处于室外道路正常行驶状态时，系统就会停止降低尾气排放的控制功能。据说安装了该作弊软件的大众发动机，在路上行驶时最大可排出超过标准 40 倍多的有害气体氮氧化物（NO_x）。

文德恩最后的演讲

从沃尔夫斯堡乘坐城际列车向南行驶 2 个多小时，就到了德国代表性商业城市法兰克福，在这里每两年会举办一次世界上最大的车展——法兰克福车展。

丰田（Toyota）的展区被安排在十分靠里的角落。这是一场以实际行动告诉人们"如果不是德国车便不能称之为车"，肩负着德国对汽车产业的自豪与威信的重大活动。

2015 年 9 月 14 日，法兰克福车展前夜，大众汽车按照惯例，面向媒体举办了盛大的集团晚宴。大众集团拥有奥迪、保时捷、宾利、兰博基尼、布加迪等高档品牌，也有大众、菲亚特、斯柯达等中档车品牌,还有斯堪尼亚(SCANIA)、曼(MANAG)等大众商务车品牌,以及摩托车杜卡迪品牌,是一家总共拥有12种品牌的巨型汽车集团。在集团晚宴上,各品牌的最高经营责任人和技术主管齐聚一堂,公布最新的概念车模型。

奥迪的技术开发负责人乌尔里希·哈肯贝格(Ulrich Hackenberg)、技术总监兼董事海因茨-雅克布·诺瑟(Heinz-Jakob Neusser)、保时捷研究开发主管沃尔夫冈·赫兹(Wolfgang Hatz)、奥迪首席执行官鲁伯特·施泰德(Rupert Stadler)、保时捷首席执行官马蒂亚斯·穆勒(Matthias Muller)等人,作为电动汽车(EV)众多概念车的发布人登场。

最后登场的是大众集团首席执行官马丁·文德恩(Martin Winterkorn)。在当年的集团晚宴上,他极其强调地指出了包含电动汽车、车联网、自动驾驶、汽车共享在内的大众集团新时代的技术方向。

"汽车的数字化时代已经到来,大众将会作为出行公司继续占据统治地位。"文德恩以坚定的语气阐述了这样的未来。

当时,文德恩有一瞬间脸上浮现出一反常态的落寞表情,他心里应该明白柴油发动机丑闻被告发只是时间问题。四天后的9月18日,美国环保署(EPA)将大众的柴油发动机丑闻公之于世,"环保署在记者招待会召开30分钟前才通知了大众"。

自发吹响的汽车产业大变革号角

大众的柴油发动机丑闻给汽车产业发展历史带来了重大转折。在全球销售的安装了作弊软件发动机的大众车型多达1 120万辆,为此大众集团不仅丧失了品牌信誉,而且在财务上准备的应对费用,包含用于召回处置、罚款和司法交易的费用,在过去 3 年间已经达到了 3 万亿日元以上。

但是这对于大众在全球范围内的销量产生的影响,轻微到令人难以置信。对于大众来说,决定性的挽救是它最大的市场——中国对其采取了宽容的姿态。事件发生后不久,德国总理安格拉·默克尔(Angela Merkel)在 2015 年 10 月访问中国时,让文德恩的继任者马蒂亚斯·穆勒一同前往。中方表示将会加强与大众集团的合作,中国工商银行与大众签署了长期战略合作备忘录。

文德恩在事件曝光后不久引咎辞职,哈肯贝格、赫兹和诺瑟也被问责和免职。大众于 2017 年暗中与美国联邦政府达成和解,被认为跨过了经营层面最大的难关,但是司法追究并没有因此结束。其后 2017 年,赫兹被德国当局逮捕,2018 年文德恩因共谋罪在美国被起诉,事件发生近 3 年后的 2018 年 6 月,奥迪首席执行官施泰德被德国慕尼黑检察院逮捕。事件发展到这一步,实在是太有冲击力了。

丑闻发生后,欧洲对于柴油发动机的不信任感随后也在增加,这种对发动机的疑虑波及了众多欧洲制造商。戴姆勒在2018 年后,被卷入了大规模的召回事件,宝马也陷入了无休止的麻烦之中。2017 年 9 月,国际清洁交通委员会(ICCT)在白皮书中指出,即使是最新型的内燃机发动机也依然存在着经认证的正式排气量与实际排气量差异巨大的现象。

以大众柴油车丑闻为触发点,大气污染再一次在欧洲成为严重的社会问题。环境保护团体的游说活动和行政诉讼接连不断,政治家则倾向于"声讨内燃机,推进电动汽车"的大众政治(平民主义)。在这样的风潮之中,2017 年英国和法国政府开始讨论关于"2040 年起禁止使用柴油和汽油内燃机相关的汽车"

的政策。

事实上，内燃机的使用限制已经开始了。在德国的汉堡、亚琛、斯图加特和海德堡等地，已经开始禁止旧款内燃机车进入市区。对于禁止旧款内燃机车进入市区的行为，德国一些市法院表示认可，联邦行政法院也于 2018 年 2 月做出判决，支持上述下一级法院的判决。此判决推广到欧洲各国的可能性很高，欧洲主要城市内燃机使用存在进一步受限的风险。

讽刺的是，大众柴油车丑闻曝光后不久的 2015 年 12 月，联合国气候变化框架公约第 21 次缔约方会议（COP21）签署了历史性的《巴黎协定》。会议上各国达成共识，要将世界平均气温的上升控制在与工业革命前相比不超过 2℃。如果不把由人类活动产生的温室气体（GHG）的排出量实际控制为零，这将会是一个很难达成的目标。

为了达成目标，欧洲必须发挥世界性的领导作用。欧洲委员会发布了 2030 年前，汽车制造商的企业平均油耗[CAFE，表示平均二氧化碳（CO_2）排放量]降低到 68 g/km（2021 年目标 95 g/km）这一极其严格的长期油耗限制，对于发动机技术的竞争力受压制的欧洲汽车制造商来说，除非推进汽车电动化，否则想要实现低油耗是件极难的事情。

走投无路的欧洲汽车产业为了打破困境，选择了基于新的构想和超越性的技术革新的新战略。这就是"CASE 战略"。它是推进汽车数字化、电动化，将汽车作为物联网（The Internet of Things，IoT）的终端，将汽车产业由制造业变革为出行产业，从而起死回生的战略。

"CASE"是由 C（Connected，网联化，即汽车始终连接网络）、A（Autonomous，智能化，即自动驾驶）、S（Shared&Service，共

享化)和 E(Electric,电动化)这四个汽车产业重大未来趋势的英文首字母组成的合成词。

欧洲汽车产业想加速推进 CASE 战略,比竞争对手抢先一步构建基础并稳步向出行产业转型。他们由自己率先打破了固守至今的"封闭的汽车空间",吹响了使产业构造发生剧变的前进号角。

第二节　围绕新时代汽车霸权的三方思考

瞄准物联网汽车的欧洲汽车产业

汽车产业的战争已经快要超越企业间竞争的框架,而逐渐演变扩大为国家间的竞争。对于汽车产业这种能够保障本国就业,增加面向未来的竞争力——研发力量和技术力量的强力基础产业,无论哪个国家都是不会轻易放手的。在这样的国家间竞争框架中,欧洲汽车制造商的国际竞争力从 2010 年前后开始有了很大提升。

欧洲汽车制造商和供应商在世界上率先实施了严苛的环境限制和安全限制,掌握了应对这些限制的世界标准技术和评价方法的主导权,形成了"产学研合作"(企事业及科研单位的三位一体协作体制)的国际财团(目的共享的企业联合体)。在决定汽车制造商和供应商可协作领域的基础上,双方从早期阶段就成为一体,共同合作研发,并将其成果作为国际标准向世界大范围地普及。内燃机技术就是其代表性的成功案例。

全新的欧洲战略的要点是汽车的网联化。车载电子控制单元(ECU)的技术最初被当作国际标准来研发,现已成为强劲的竞争力。21 世纪前几年,欧洲开始努力将车载电子控制单元的软件配置作为世界实际标准。换言之,这就是以宝马和博世为代表,戴姆勒、大众等汽车制造商和供应商共同集结起来开发而成的"AUTOSAR"(AUTOmotive Open System Architecture,汽车开放系统架构)的车载电子控制单元的标准配置。

汽车开放系统架构规定了汽车的电子控制的标准规格,因此电子控制的基本软件和配置都被标准化,使得研发变得更加容易。软件的基础是各领域间的协调性,但研发构想是在可变动部分系统的安装上进行竞争。欧洲希望通过这方面的标准化来主导世界,实现欧洲在软件、硬件方面的充分储备。

事实上,随着率先进行汽车开放系统架构研发的博世、大陆等大型供应商的竞争力的不断提升,培养出了像软件模块供应商 Vector 这样的实力企业,使得欧洲企业的研发能力、成本竞争能力都占据了优势地位。

现在对汽车"动臂机构的运作部分"(从反光镜和雨刷到制动和旋涡机)通过软件进行电子控制,结合硬件和软件来实现驾驶控制、转弯、停车等功能的控制系统就是车载电子控制单元。1 台汽车的车载电子控制单元的数量为 50 个,多的时候甚至有100 个,可以说现在的汽车已经成了电脑的聚合体。

因为安装物联网和自动驾驶系统时,必须搭载传感器等新硬件和大规模写入软件,控制它们的车载电子控制单元的数量也将进一步增加,因此复杂的综合控制变得不可或缺。CASE革命中,硬件和软件高度协作的电子控制技术正变为非常重要的竞争领域。主导汽车开放系统架构的欧洲汽车产业将此作为武器寻找出路,并怀有以 CASE 领域的新技术领先对手的野心。

CASE 革命的世界是什么

网联化的汽车随着通信技术和云端服务器的发展，成为可以通过互联网连接的互联车，也就是物联网终端。预计至 2030 年，发达国家的所有新车都会成为互联车，据估算连接网络的车辆会逼近 10 亿台。

如此大规模的车联网将创造出巨大的数字化市场，恐怕会成为世界上最后的信息价值大油田。大量的车辆传感信息和交通信息被大数据化，通过人工智能（AI）进行分析，由此可以创造出各种各样的服务。比如自动驾驶（智能化）、网联化、共享化等基于网络的、无限的、灵活的服务将被创造出来。

最终，人类的出行方式有可能发生革命性变化，将从个人保有汽车，拥有驾驶主导权的传统形式进化为"Mobility as a Service"（MaaS，出行即服务），也可以称之为"出行革命"。但将其称为 CASE 革命或许更合适，包括了 CASE 战略产生的汽车价值和制造大变革的内涵。

传统汽车产业的商业模式是一个进行了巨额设备投资后，竞争资本回收速度的游戏。但在出行即服务的世界里，构建包含服务商（提供服务的公司）在内的经济系统（收益构造）是非常重要的竞争力。我们必须针对未来基于移动距离和使用时间收费的新型商业模式，做好不断创新的准备。

汽车产业即将迎来自诞生以来最大规模的变革时期，汽车产业的竞争力源泉发生了改变，汽车的价值也发生了革命性变化，以"制造"为中心的产业构造将土崩瓦解。为了构建不可缺少的出行服务平台，掌握汽车出行数据，创造有魅力的服务，汽车制造商需要寻求一种全新的能力。汽车产业不能再是单纯的制造业，汽车制造商必须从创造灵活服务的基盘向提供服务本

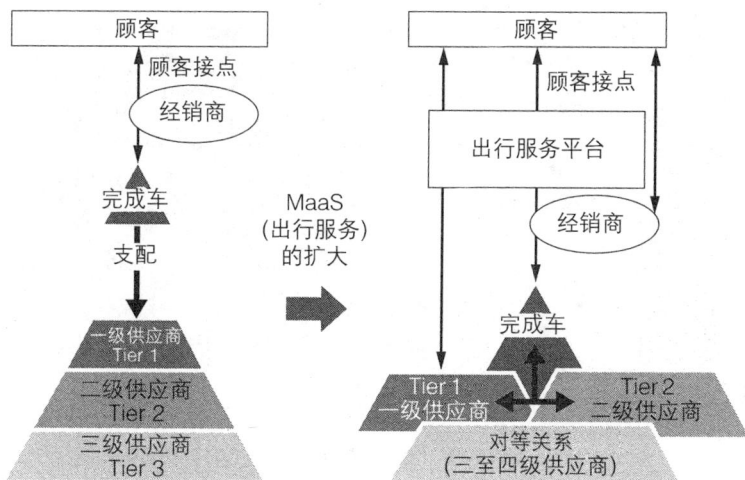

图 0 - 1　伴随着 MaaS 的扩大汽车行业结构的变化

资料来源：中西汽车产业研究所

身的产业体转型。

当然，供应商也迎来了戏剧性变化。在传统汽车产业中，汽车制造商是手握主导权的，提供零部件产品的一级供应商（Tier 1）、二级供应商（Tier 2）、三级供应商（Tier 3）等形成了金字塔型的构造，但这构造正逐步扩大为垂直整合型（原文，广阔的平原）。但是当扩大出行服务平台时，这样的产业垂直整合模式出现崩盘的概率很大。博世和日本电装（Denso）等一级供应商的产业领域无限接近于汽车制造商，尤其在软件支配领域，汽车制造商和一级供应商之间可能引发激烈的冲突。

在硬件的附加价值中，二级供应商支配的领域应该会扩大。对于英特尔（Intel Corporation）、英伟达（NVIDIA Corporation）、瑞萨（Renesas Electronics）等半导体制造商，日本松下（Panasonic）、中国的宁德时代新能源科技（CATL）等电池制造商，还有日本

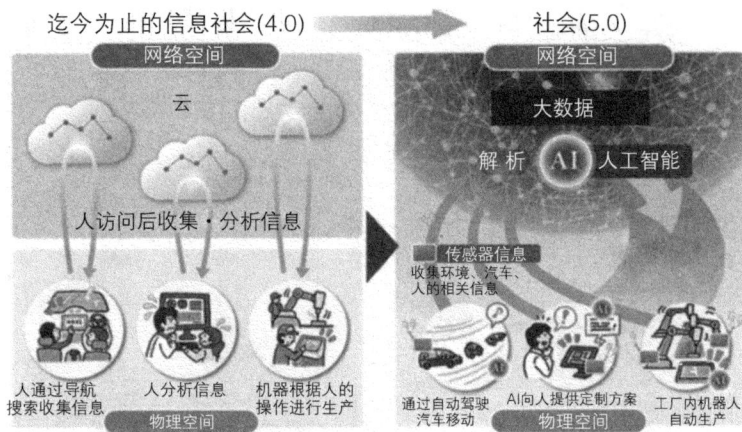

图 0-2　社会 5.0 带来的新价值和产业、社会的变化

资料来源：日本内阁府

电产（Nidec Corporation）、索尼（Sony）等电子零部件制造商等新兴企业群体来说，当下是一个可以赢得高附加值的绝佳时机。新的附加值将在汽车产业的下游产生，但也可以认为新加入的产业者们聚集在了其附加值上。对此，处在机会和风险夹缝中的汽车供应商不能掉以轻心。

围绕数字智能化的欧洲汽车产业的战略进一步升级，这就是支持物联网的"工业 4.0"（第四次产业革命），把所有实体工厂通过物联网连接在一起，构建标准化的网络。欧洲通过以德国为中心的物联网来强化制造业，然后基于同样的规格标准，让中国等新兴国家也加入进来，希望实现以欧洲制造业为中心的地域性产业的发展。"工业 4.0"的核心玩家是思爱普公司（SAP）和博世，从中我们可以发现，既存金字塔中的一级供应商们已经开始了它们的逆袭。

在 2050 年左右的未来汽车产业蓝图中我们可以看到，城市和社会基础设施将会扩展到以出行服务为基础构筑的理想世界。汽车在"社会 5.0"未来的超级智慧城市中将成为重要的社会元件，成为高公共性的共享资产。CASE 革命的目标是通过变革整个社会中巨大规模的汽车产业来实现梦想中的"终极未来"。

目前的信息化社会被称作"社会 4.0"，是一个没有知识共享和信息共享，缺乏横向协作的世界。在"社会 5.0"里面，可以通过物联网将所有人和物联系起来，虚拟空间（网络空间）和现实空间（物理空间）之间高度融合的社会将会到来。

网络空间聚集的大数据通过人工智能分析，其结果反馈就是自动驾驶汽车和柔性技术。在超级智慧城市中，这能够从根本上解决环境问题、少子高龄化、人口过疏化等社会问题。说起汽车，过去容易被认为是高度发展且成熟的家庭必需品，但是缺乏产业发展潜力。不同以往的是，现在的汽车产业作为充满活力、带来社会改善的成长性产业，我们应该重新思考其产业价值。

破坏性挑战者的诱因

如果汽车智能化，将会破坏汽车产业的原有商业模式。群雄割据的 IT 企业、电机制造商、技术风投企业等公司认为汽车智能化的主角是它们。可以说，汽车的智能化是破坏性挑战者瞄准巨大汽车产业的诱因。

从价值链上游的电机制造商，到中游的英特尔和英伟达等半导体制造商，再到价值链下游的谷歌（Google）、苹果（Apple）、脸书（Facebook）、亚马逊（Amazon）（GAFA，互联网公司四大巨头）等 IT 企业，都准备从各自擅长的领域开始攻入汽车产业。它们希望利用第二章说明的两种方式攻入汽车产业，使汽车制造商从原本的统治地位跌落为从属者。

汽车产业中也出现了许多破坏性挑战者。在美国，以特斯拉(Tesla)为代表的众多新兴企业应运而生，它们尝试掀起"电动汽车革命"。从经济危机中重燃生机的美国汽车制造商们，明确地表示了其"破坏性战略"，试图从日本和欧洲手中夺回汽车产业的霸权。其中的代表就是在成立100周年时尝到经营破产耻辱的通用汽车(GM)。

通用汽车和互联网公司四大巨头进行了合作，通用为推进基于出行服务平台的产业改革，而对美国政府展开了强有力的"院外活动"(个人或团体以政治影响为目的进行的私人活动)。事实上，美国政府将"CASE革命"作为国家产业战略的一环，试图以缓和限制和制定运行规则等方式来领导世界。2019年领先于世界创立无人自动驾驶汽车的，也是曾经的汽车产业霸者通用汽车。

中国汽车产业作为最强的游戏改变者之所以能够得势，是因为得到了中国国家战略及其市场扩大的红利。可以说中国加入世贸组织(WTO)的2001年是中国汽车市场开始的契机，但当时中国不过是汽车产销量为240万台的很小的市场。而到2017年，中国汽车产销量扩大了10倍，达到2 880万台，一举成为世界上最大的汽车大国。当然很难否认，中国的汽车技术至今仍然依赖于欧美的汽车产业。

中国将汽车产业迎来"CASE革命"的变化引入了本国的产业政策，目标是从单纯的汽车消费大国转向世界汽车强国。中国政府在2015年发布了"中国制造2025"战略，2017年发布了"汽车产业中长期发展规划"，2018年发布了新能源汽车(NEV)限制，最终正式准备好了其进攻态势。中国2030年的目标是制造并销售 1 900 万台新能源汽车,包括电动汽车和插电式混合动力汽车。

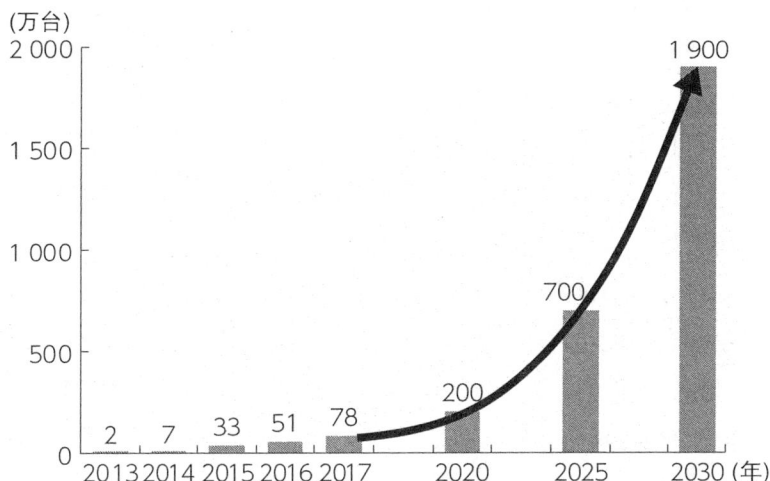

(万台)

图 0-3　中国新能源汽车生产台数的扩大计划(政府计划)

资料来源:中国工业和信息化部

中国的产业政策中很容易就可以找到压制日本的方法,比如通过早期普及电动汽车使汽车的动力源发动机(内燃机)大幅度弱化,从而压制日本的汽车产业国际竞争力。这样的话,中国就会取代日本一举成为世界汽车强国,也许到那时日本就会成为生产葡萄和草莓的高级农业国了。

第三节　与之抗衡的日本汽车产业战略

从谷底出发

2009 年就任丰田汽车公司社长的丰田章男是丰田的创始者丰田喜一郎的孙子。尽管如此,丰田章男仍是通过拼搏才获得了现在的社长宝座。在丰田章男之前，当时的社长渡边捷昭发出"全球称霸计划"——以台数为主导的发展战略，同时他让丰田的经营远离了初创者的理念。

但是渡边的野心因为雷曼兄弟破产事件引发的经济危机而被化解。而后举行的社长换届的背后，还发生了许多混乱，比如发生了扩大经营、从"股价和市场第一"主义回到丰田原本的道路等事件。2008 年，丰田章男晋升为社长，而丰田汽车也陷入了创业以来首次高达 4 610 亿日元的营业赤字困境。

现在身为日本产业界的经营者代表之一，威风凛凛的丰田章男也曾有过男儿有泪不轻弹的一面。笔者印象中他在公开场合有过数次落泪情景。比如，他在晋升为社长后不久，便遭遇了因输美汽车质量问题，处于"召回门"事件的风口浪尖的他在相关供应商的面前流下了眼泪，这眼泪对于重建公司有着重大的意义。

2010 年丰田汽车不幸遭遇了质量问题，仅在美国就连续召回高达 800 万台汽车。自不用说这件事对于品牌价值的损害，为了解决此事丰田花费了巨额的费用，包括超过 1 000 亿日元的市场措施费用，以及 1 220 亿日元与美国司法部和解的费用和 940 亿日元的集团诉讼和解金。丰田章男受到疯狂的社会舆论压力和政治秀场化的美国议会的强烈要求，作为证人出席了议会的听证会。

在为此次听证会上提供证言飞往美国的途中，丰田章男想到："这是否是一场让我辞职的玩笑呢？"这就是丰田章男就任社长一年多面临的下台危机。

听证会的严苛质问，持续了 4 个小时。听证会结束后，面对受到鼓舞而聚集起来的相关经销商们，丰田章男发表了演讲。

"我不是一个人，全美国、全世界的伙伴是和我一起的。"丰田章男言语哽咽，流下了泪水，大约有几秒都说不出话来，但总算坚持到最后，完成了演讲。之后，一位相关人员走近丰田章男，对他说了以下鼓励的话。

"希望你不要认为这（听证会）是美国的全部。我们十分热爱丰田。之后的事请交给我们。你可以什么都不用做，因为我们可以帮你卖丰田汽车。"

听到这些话，感动不已的丰田章男，作为男人，禁不住再次流下了泪水。他一时竟无法停止流下喜悦的泪水。

丰田章男作为血性、阳刚的年轻经营者，在领悟到挽救企业危机的强烈使命感的同时，对于众多反对势力，他也不怕被分裂，勇敢地迎接战斗。他每当被别人称作"名门家族的少爷"时，都会进行反驳。对于丰田章男，这次事件的磨炼使他自身获得了成长，更加理解全球合作伙伴，这也成为丰田走向辉煌的契机。

回国后，丰田章男在共计 2 000 人的社员和客户面前作了有关听证会的报告。

"我为了守护这些人（美国相关经销商）拼命战斗到现在，但实际上是我被这些人守护着。"

丰田章男在同一个地方再次落泪。这次报告会的影像传到公司内部，全公司的员工都可以看到。

当时丰田公司内部一点都不团结，社长丰田章男像政变一样狂风暴雨般的新方针让人们产生了动摇，丰田公司处于一盘散沙的状态。但是丰田章男的眼泪是一个契机，解开了员工在社长换代的混乱中产生的"芥蒂"。至此，丰田公司内部分裂终于结束了。丰田公司上下团结一致，员工们在心中许下了"向着重建再出发"的誓言。

丰田章男将汽车生产台数和规模从发展的评判标准中去

除,思考对于拥有众多问题的丰田应该优先发展什么。然后,他用"制造更好的汽车"这样的口号凝聚了 33 万名相关员工。他和员工们一起思考,不管在怎样的局面下都可以持续成长的"真正的竞争力"究竟是什么。最终思考成果发挥了作用,丰田的利润刷新为历史最高,丰田的经营得到了重振。但是这 10 年间外部环境发生了剧烈的变化。

打破创新的两难困境

丰田的主要董事召开了年末例行的分析员恳谈会。2016 年末的恳谈会上某位董事这样抱怨道:

"数年前我们讨论了 20 年后汽车未来的蓝图、2035 年的汽车移动终端发展趋势。毫无疑问,当时认为移动终端会因为减少排放朝着加速变化方向发展。自动驾驶自不必说,使用电动化的移动终端也在不断增加。但是定额使用的共享服务和包月协议,使得汽车的购买欲减弱,通过互联化,汽车的设备检查和保养也都变得不需要了。

"为了实现这个目的,汽车产业必须形成开放且水平分工的架构。为了应对架构的变化,丰田需要在 2025 年之前构筑出许多技术并且提高创新能力。但是转瞬间,时间轴就以 5 年、10 年为单位提前了。照这样下去,汽车产业未来蓝图会通过不同行业的整合成为现实,为此我们不得不做出改变。"

自动驾驶依靠互联网的连接,创造出汽车信息通信系统、共享装置等技术,这些技术与汽车协同合作实现无人驾驶,这对于汽车产业并不是什么新的发展趋势。在思考移动终端的未来时,需要充分预测未来顾客的需求变化,也需要充分理解必要的改革是什么。但是即使拥有问题意识,行动缓慢的汽车行业还是突然受到了那些想要破坏性创新的其他行业和新兴企业的威胁。即使被说是"没有真挚地面对客户的需求",也没有办法反驳。总之,日本国内汽车产业陷入了创新的两难困境。

因为经济危机的混乱和天灾,丰田对于 CASE 的应对延迟了数年,这是非常不走运的。苹果第二代手机(iPhone 3G)被全球用户疯狂抢购的 2008 年,却是汽车产业因为金融危机面临生死存亡的危急时刻。全球需求的 30% 被瞬间削减,再加上一筹莫展的资金周转,汽车产业面临着重大危机,急需修改战略。而且不仅仅是发展战略,更应该从根本上修改固定结构的费用,这是汽车产业面临的最迫切的课题。

在 2011 年左右,汽车产业各公司从死亡边缘生还,企业体制也开始稳定。那时,丰田汽车质量问题爆发,更不幸的是同一时间遭遇了东日本大地震,导致日本国内汽车产业比世界竞争对手晚出发了 1 年以上。期间,本田(Honda)因为发展战略受挫,导致其经营战略的混乱,至今仍挣扎于强化本行的改革。日产汽车(Nissan)在加强与法国雷诺的合资同盟时,完全引入了欧洲战略。引发油耗丑闻问题的三菱汽车(Mitsubishi)也同样引入了欧洲战略。日本未来的国内汽车产业走向大部分寄托在丰田汽车成功与否上的说法丝毫也不夸张。

2016 年是丰田应对 CASE 革命的重要转折点。丰田在美国硅谷设立了人工智能研究机构"丰田调查所"(TRI),同年 11 月向世界公布了"互联战略",决定与马自达和铃木合作,组建了巨大的日本联合布局。2018 年 1 月在美国的国际消费类电子产品展览会(CES)上,丰田汽车宣布了从汽车制造公司向提供所有出行相关服务的出行公司转型的目标。

不知不觉中写了这篇很长的序文，但这是为了让本书的读者了解自 2013 年至 2020 年的变革中"丰田与大众"相关竞争力变化的概况。这对理解本书如何切入 2030 年全新的竞争构图是非常重要的。

是什么推动了丰田汽车决定向出行公司转型？汽车产业和破坏性创新企业的现实竞争的本质是什么？本书试图解读汽车行业四个公认的未来趋势的 CASE 革命，在用数值预测汽车未来蓝图的同时，解说汽车的价值变化和社会构造变化中汽车及相关产业的兴亡。

汽车产业将是以瞬间的变化引起革命性事件，还是维持秩序并循序渐进地推进改革，结果的不同都会对企业活动和市民生活产生显著的影响。尽管如此，这个旅程仍然是未知的、不明朗的。笔者在本书之前了解到的众多议论中，都缺乏包含时间轴在内的过程论述，本书将详细阐述以往模糊的过程，以解说现实的 CASE 革命。

希望通过检验日本、美国、欧洲、中国的主要汽车制造商的战略，聚焦其中展现出的国际竞争架构，来理解日本面临的危机状况。赢得 2030 年胜利的新竞争力是什么？希望能够提供日本国内产业急需的解决方案。

本书最大的特征是将从变革风暴中心的汽车产业视角窥见 CASE 革命的世界，以专业分析师的信息搜集能力和分析能力进行讨论研究。从这个视角来说，不单单是汽车产业，甚至可以为受 CASE 革命直接影响的零部件产业、经销商等价值链上串联的产业提供解决方案。笔者将站在汽车产业的立场上，尽可能将汽车制造商不愿被企图破坏性创新的企业所知晓的一些重要事实和结论也纳入本书内容中。

第一章
CASE 革命是什么

第一节　CASE 战略的启动

戴姆勒的选择

2006 年迪特·蔡澈(Dieter Zetsche)就任世界顶级高端车、商务车制造商戴姆勒的董事长。这是很久之前的事情了。迪特·蔡澈于 1953 年出生于土耳其的伊斯坦布尔,大学专业不是机械工程学而是电子工程学,其后取得了博士学位。他蓄着胡子的脸庞刻着理性,言行举止充满睿智,是当代德国产业界的经营者代表之一。

2000 年以前,蔡澈曾担任戴姆勒商务车部门的领导,而戴姆勒前董事长尤尔根·施伦普断然决定和美国克莱斯勒合作后,因为克莱斯勒部门的重整,被选派为美国社长。虽被称为"世纪合并",但实际上将全球汽车制造商陷入合纵连横狂潮中的戴姆勒和克莱斯勒的合并经营是非常混乱的。加上 2005 年宿敌宝马的高端车品牌夺取了世界第一,戴姆勒的经营变得更加混乱。被问责的施伦普被免职,而在底特律度过 6 年的蔡澈作为继任回国。

蔡澈果断执行了与其"破坏王"称号相符的激进的裁员措

施，从总公司销售部和德国国内业务部的裁员开始，他轻易就解除了和克莱斯勒的合并，从公司名中去掉梅赛德斯，以"戴姆勒"为名重新出发。

蔡澈巧妙地将经营资源集中到梅赛德斯品牌的高端车和商务车的经营方式，让戴姆勒起死回生。他就任董事长后，戴姆勒从 2006 年不到 28 亿欧元的营业利润，提高到 2017 年 163 亿欧元（约 21 200 亿日元①）。戴姆勒的营业利润排在丰田之后，位于全球汽车制造商第二位。

梅赛德斯品牌摇身一变为别具魅力的新车阵容，于 2016 年在高端车全球销售排行榜上重登榜首，2017 年也高居首位。不管是在商品陈列室，还是一级方程式车赛上，戴姆勒都大放异彩。唯一没有大放异彩的，是戴姆勒的股价，对此蔡澈深感烦恼。

2015 年 3 月戴姆勒 93 欧元的股价，在 2016 年 7 月急剧下降至 54 欧元。股价低迷的原因与状态良好的新车销售和业绩毫无关系，是伴随着特斯拉和谷歌等业务模式具体化的结果。因为股票市场上"破坏者是胜利者，传统汽车会被破坏"这样的评价显然被广大消费者普遍接受。

传统汽车产业败给了破坏性创新企业，从支配者跌落为从属者。世界级咨询公司持续敲响警钟："2030 年的破坏性变化将会袭击汽车产业，汽车生产会减少，汽车产业将面临失去制造业附加值的风险。"也就是说，戴姆勒会被特斯拉和谷歌等创新者掀起的汽车产业革命浪潮吞没，跌落为从属者。这是市场对戴姆勒的评价。

---

① 本书中货币均按作者写作时的汇率换算。——编者

　　过去戴姆勒在"德意志股份公司"的金融机构交叉持股结构中，一直受稳定的股东保护。20 世纪 80 年代，德意志银行作为最大股东，拥有戴姆勒 25％的股份，同时德国的德累斯顿银行、安联银行等，拥有 12％的股份。但是德国的金融改革解除了交叉持股结构之后，众多的金融机构、业务公司向股东价值经营方向进行了重大转舵。

　　其结果就是戴姆勒现在的股东构成中，德意志银行的持股比率减少到 2％左右。戴姆勒现已被美国投资公司贝莱德和哈里斯合伙公司等经营理念严苛的股东所包围。这和开创者拥有约过半的议决权、持续稳定经营的宝马与大众的股东构成有很大的区别。如果继续这样放任戴姆勒的股票贬值，在最终决胜前，就有可能会成为恶意收购对象。2018 年，中国浙江吉利控股集团的董事长李书福投资约一兆日元，取得了戴姆勒所有股份的 9.69％，一跃成为最大股东。

　　在百年一次的大变革时期，毫无疑问汽车产业将直接面对 IT 企业等强劲的竞争对手。但是，戴姆勒在经营者蔡澈的带领下，比任何一个品牌都优先开始技术革新并取得了新的价值。汽车产业拥有构筑起来的汽车制造和流通平台（基盘），并不像咨询师们信口开河所讲的那样会轻易败北。

　　戴姆勒公司的完全自动驾驶汽车"F015"的概念车模型，显示出压倒性的存在感。2014 年建立的"Mercedes Me"这一服务品牌，在电动化领域确立了不必言说的网罗性技术力；戴姆勒的共享业务"Car2go"在汽车产业中领先，拥有最多的客户数；此外戴姆勒还创立了"Moovel"，在"多模式交通"（将各种交通方式连接起来的服务）方面取得了领先地位。

　　尽管如此，较多人倾向于不把戴姆勒看作胜利者，这是为什

注：2013 年 1 月 3 日＝100，涉及传统汽车领域，包括丰田、日产、本田、大众、戴姆勒、宝马、通用汽车、福特、电装、麦格纳及大陆。跨行业包括 Alphabet、苹果、百度、DeNA、英特尔、英伟达、英飞凌、赛灵思、TomTom。

图 1-1 汽车产业的传统汽车相关与跨行业股价表现的比较

资料来源：Bloomberg

么呢？蔡澈冷静地分析道，要在这场战争中拥有汽车产业的主导权，还需要各种战略和能力，并确定前进的方向。正因为戴姆勒是发明了燃油汽车的汽车孕育者，并持续支持其发展，所以他必须这样做。他决定展现通往新型汽车社会和未来出行的道路。这就是戴姆勒的 CASE 战略：由汽车公司拥有主导权，带来破坏性创新，创造全新的价值。

CASE 战略的本意

2016 年 9 月 29 日，在世界最早的四大车展之一的巴黎车展上，车展记者招待会就因为戴姆勒的话题变得十分热闹，始终讨论着新长期战略、新品牌、新型电动汽车概念发布这样的热门话题。

穿着休闲的蓝色牛仔裤登场的蔡澈，开始了像以往一样充满睿智的演讲。首先他这样说道："年轻时我说要学习电子工程学专业，所有人都对我说'你是个笨蛋，你应该学习机械工程学'。但是这 40 年证明我的选择没有错。"

作为电子工程学的成果，戴姆勒刚发布了新型轻便电动汽车的品牌，预计到 2025 年为止将向市场投入 10 种电动汽车。蔡澈强调了戴姆勒针对实现电动移动社会所采取的措施，如将新车销售的 15％～25％转换为电动汽车，进行 10 亿欧元的电动化投资，在德国本公司工厂开始生产锂离子电池等。

然后他严肃地开始讲述 CASE 战略、将这个战略具体化的新品牌"EQ"和首款概念车"Generation EQ"。

CASE 就像序中所述，是由"C＝Connected（网联化）""A＝Autonomous（智能化）""S＝Shared＆Service（共享化）""E＝Electric（电动化）"这四个汽车产业重大动向的英文首字母组成

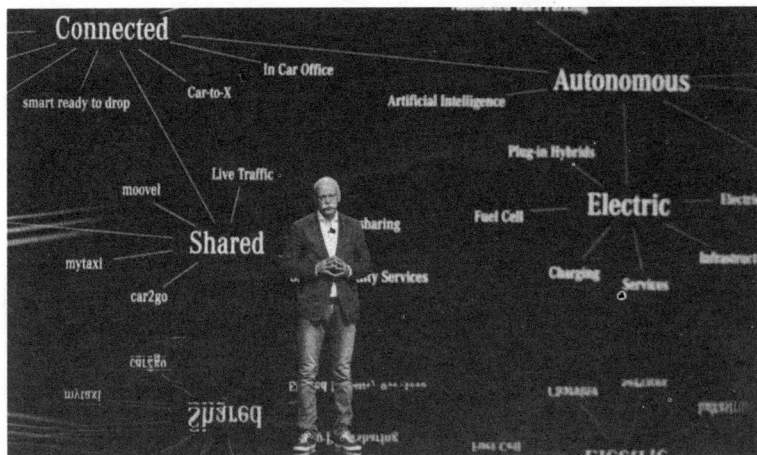

图 1-2　在巴黎车展上谈论 CASE 战略的戴姆勒首席执行官
迪特·蔡澈（Dieter Zetsche）（2016 年 9 月 29 日）

资料来源：ABA、新闻公报、共同通讯社

的合成词，也是戴姆勒的自创词。

　　汽车成为连接网络的物联网终端，自动驾驶技术的普及将驾驶者从驾驶风险中解放出来。汽车的价值不仅是所有物，也

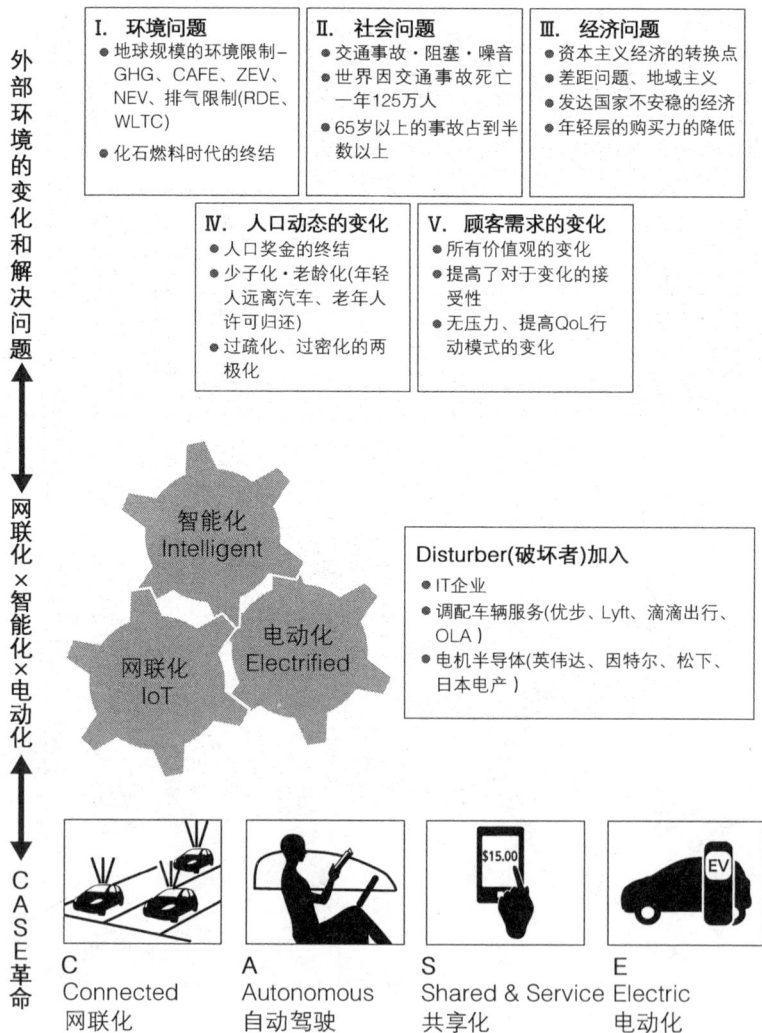

外部环境的变化和解决问题 ↕ 网联化×智能化×电动化 ↕ CASE革命

I.　环境问题	II.　社会问题	III.　经济问题
●地球规模的环境限制–GHG、CAFE、ZEV、NEV、排气限制(RDE、WLTC) ●化石燃料时代的终结	●交通事故·阻塞·噪音 ●世界因交通事故死亡一年125万人 ●65岁以上的事故占到半数以上	●资本主义经济的转换点 ●差距问题、地域主义 ●发达国家不安稳的经济 ●年轻层的购买力的降低

IV.　人口动态的变化	V.　顾客需求的变化
●人口奖金的终结 ●少子化·老龄化(年轻人远离汽车、老年人许可归还) ●过疏化、过密化的两极化	●所有价值观的变化 ●提高了对于变化的接受性 ●无压力、提高QoL行动模式的变化

智能化 Intelligent ／ 网联化 IoT ／ 电动化 Electrified

Disturber(破坏者)加入
●IT企业
●调配车辆服务(优步、Lyft、滴滴出行、OLA)
●电机半导体(英伟达、因特尔、松下、日本电产)

C Connected 网联化　　A Autonomous 自动驾驶　　S Shared & Service 共享化　　E Electric 电动化

$15.00　EV

图 1-3　汽车的外部环境的变化和大趋势

24

产生了共享使用的价值。支撑全新的移动价值的动力源变为没有尾气排放的清洁电力，这就是 CASE 的世界。

戴姆勒的主张并不是把四个流行趋势分开来看，戴姆勒的 CASE 里包含的重要信息是，四个流行趋势可以复合地无缝连接，汽车的价值将会发生革命性变化。像这样的革命性变化，是由汽车制造商戴姆勒主导的，传递出破坏者一方的强烈信息。这是戴姆勒重新审视自己存在的意义，作为破坏者表明确立主导地位的决心。

电动化和数字化融合的世界，和从根本上改变汽车制造商、相关产业的存在方式、价值、概念的数字化革命息息相关，这就是本书记载的汽车产业 CASE 革命的世界。

戴姆勒的企业改革

蔡澈着手进行 CASE 应对以及协力对戴姆勒进行企业改革。在此之中有四个著名的分割公司的支柱，分别是 CASE 战略的具体化，为战略实施而进行的组织和文化的改革，将这些具象化的 EQ 子品牌，以企业价值最大化为目标的"未来规划"。

宝马领先戴姆勒于 2013 年建立了电动车子品牌"BMWi"，并将其专门从本公司分割出来，作为独立组织运营。这是为了控制对主品牌的影响，将本体的企划、研发流程与 BMWi 的关联性保持在最小限度。

戴姆勒的研究和宝马完全相反，针对 EQ 子品牌的操作，专门引入本体的研发，使其作为产生双方协同作用的项目进行管理。目的是优先向全公司推进 CASE 应对机制。独立的 CASE 团队与既存的业务轴横向串联，目的是优先提升 CASE 应对的速度，推进战略的整体优化。

EQ 子品牌中定义品牌名时，将电动汽车定义为"EQ"，将插电式混合动力汽车定义为"EQ Power"。定义不仅停留在"EQA"（A 级别的轻便型）和"EQC"（C 级别的中型），还将 EQ Power 扩展到现有的 C 级别和 E 级别的大量销售模型中。

发动机中导入了"模块发动机组合"（Module Engine Portfolio），即分为汽油机和柴油机两种，串联六缸或串联四缸又有两种，再加上电动汽车的三种分类，燃料电池引擎、48 V 混合动力引擎以及插电式混合动力引擎，一共有 12 种组合。这是为了提高内燃机研发资源的效率，进而充分分配 CASE 所要求的技术。

此外，应对传统商务汽车数字化的举措也正在推进中。中国和德国还表示截止到 2025 年，计划在线上实施近 25％的新车销售。戴姆勒在移动性服务方面，除了已有的基础强化外，还正在进行将出行公司分离成 3 个独立的公司组织的"未来规划"计划。考虑到提高梅赛德斯-奔驰、戴姆勒卡车和巴士、戴姆勒出行服务三家公司的独立性，为了提升各自的价值，将戴姆勒卡车和巴士公司于 2019 年分离出来并进行股票上市（首次公开募股，IPO）也正在讨论中。

CASE 一词不能否认戴姆勒的企业价值提升和市场营销以及交流战略的目标。有人讽刺说："归根结底，这不是股价对策吗？"竞争对手宝马改变 CASE 排列，用 ACES 避开对戴姆勒的迎合也是事实。但是，"顺应 CASE，才能使用 ACES"等经营议题，只在今后两三年的短期性议题中才有意义。

当然，先于这四个流行趋势，汽车将率先发生革命性变化。这不仅仅是出行服务，而是将私家车、制造业，甚至城市建设等整个社会都卷进来的巨大的数字革命。

领先于尖端领域

CASE
Connected,
Autonomous,
Shared & Service,
Electric

企业文化改革

文化

改革
投资
新商业模式

企业组织改革

公司

核心事业的强化

核心
对应CASE
确定财政基盘

戴姆勒–AG

梅赛德斯–奔驰

戴姆勒卡车和巴士

戴姆勒
出行服务

小轿车

卡车

金融

面包车

巴士

出行服务

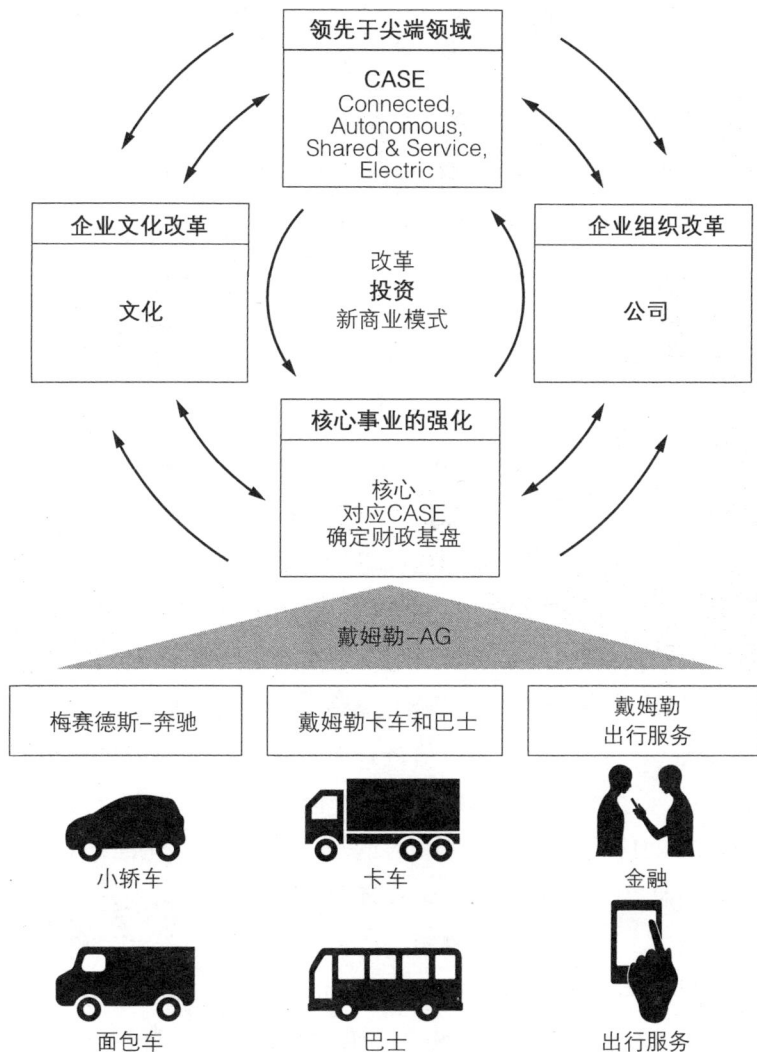

图 1-4　戴姆勒的企业改革(未来规划)

资料来源：戴姆勒、中西汽车产业研究所

27

第二节　网联化×智能化×电动化＝CASE 革命

为什么汽车产业没发生革命性变化？

如果把福特 T 型车看作现代汽车产业的开端的话，那么其后大约 100 年，汽车产业才正式到来。最近，汽车产业经历了经济危机、强化规则限制、技术革新的浪潮。但是没有发生以汽车制造商为顶点的产业结构和价值链（从设计、零部件制造等上游到销售和服务的下游价值的连锁）的分割，这是一个维持秩序，不断进行技术革新的稳定产业。

这是 2000 年初，互联网泡沫经济狂欢时发生的故事。当时的汽车产业最关心的是通过互联网实现汽车商务的数字化，害怕被 B2B（经由网络的企业之间的电子商务模式）和 B2C（经由网络的企业对客户的电子商务模式）的网络所支配。

归结到最后，导致了汽车制造商的附加值下降，经销商大体上灭亡，全球咨询顾问们都敲响警钟，表示支配网络的通信和 IT 企业会支配汽车商业价值链。大多企业都认为即将迎来的好机会，会立即破坏汽车的价值链。但是，泡沫经济破灭后大部分通信和 IT 企业都灭亡了。谷歌、亚马逊是极少数的幸存者。

当时，作为福特汽车首席执行官的杰克·娜莎，对电子商务情有独钟。"福特已经不是制造公司了，而是服务公司"，娜莎豪言壮语道。世界各地的机构投资者对此都赞不绝口。但是，福特想要成为服务公司的构想并没有变成现实，而且因为大量的制造质量问题被追究责任，娜莎被福特家族赶出了公司。而随后登场的是第三代威廉（比尔）·福特，他所实施的经营方针是"恢复汽车制造厂的本质"。

当时，丰田汽车发布了第一款互联车"WiLL Cypha"，在网络社会与数码汽车融合的汽车产业中，丰田对企业进行了重新定义，是挑战传统产业的伟大尝试。丰田导入了根据行驶距离收取租金的从量制方案，成为流行至今的"辅助方案"的先驱者。但是，发售后不久的热潮并未持续很久，由于销售低迷，这款车仅3年时间就从市场上消失了。

过去也有过汽车产业被IT企业瞄准，以内部变革作为目标的情况发生。但是，没有发生像计算机产业和家电产业这样戏剧性的变革。根本的理由是汽车产业作为一种复杂且封闭空间的工业产品，阻碍了变化的产生。

汽车为人类提供了一个遮风挡雨的场所，在环境保护方面也肩负着重大的社会责任，所以对于汽车来说质量保证尤为重要，有着特别的意义。因此，为了保证汽车的质量，必须进行精密的硬件加工和复杂的设计。即使在汽车中开始加入软件，但从操作系统到软件系统仍然保持着封闭的架构。正因为汽车这种复杂且封闭的特征，既不适应彩电这样的互联产品的生产模式，也不适合手机这种单纯的模块化生产模式。而且，即使汽车产业想这样做也没有办法。

在封闭式架构中，规模是最大的竞争力。规模中存在循环发展的结构，是汽车被称为"装备产业"的理由。从研发到生产设备，汽车产业需要巨大的投资，可以说汽车产业是竞争巨额投资回收速度的游戏。比如生产台数，控制每台的边际费用（生产量增加1单位增加的总费用），汽车厂商总在思考如何比对手更快地回收资金。汽车产业在"反复投资→台数增长→回收→投资"这样的循环中不断提高竞争力，汽车市场的寡头垄断也越来越严重。

在其巨大的市场操作下汽车产业拥有的价值链不断扩大，形成了拥有 10 年以上的产品生命周期，拥有保持了残值的二手车广泛流通的产业生态系统。汽车产业站在金字塔顶点，作为产业的王者君临天下，并且在金字塔的塔尖八面威风。

汽车产业的价值取决于数据量

然而，汽车产业现在却成了最受其他行业攻击的产业。原因在于汽车是数字化后被保留下来的巨大市场，能够从数字化的汽车中获得大量行车数据及其产生的价值，似乎汽车成了最后残余的价值大油田。该变化是从汽车成为始终连接到网络的互联车，即所谓的物联网终端开始的。

发明了通信以太网的罗伯特·梅特卡夫（Robert Metcalf）在 1995 年提出了"网络产生的价值与连接的系统数量的平方成比例"的经验规则，这是在世界上最多只有 1 000 万台左右电脑连接时代的经验规则。现在又如何呢？作为网络终端，智能手机已经普及到 40 亿台。把这些数据作为平台的 IT 企业有着可怕的存在感，人们无法不惊叹它们创造出的价值。

汽车产业的数字化也有可能成为与之匹敌的大规模网络，其中产生的价值应该会有惊人的潜力。到目前为止的互联车技术还很不成熟，局限在非常狭小的世界内。互联车的销售数量到 2014 年仅为 1 350 万辆，这一数据也是被各个厂家分割开来，每家最多也就几十万台。

互联车无法普及的最大原因是，无法提供用户所要求的核心服务。但是，随着通信速度的提高、云基础的确立、半导体的运算处理能力的飞跃性提高等技术革新的发展，预计汽车的互联功能会有飞跃性的提高，可以提供如第一次触摸智能手机般出色的客户体验(顾客经验价值)。

如果包含与 IT 企业提供的智能手机的连接,到 2030 年发达国家的新车全部成为互联车,互联车辆数预计将接近 10 亿台。如果考虑到经销商等的价值链也同时被连接到网络,即使是旧款汽车分析师这样的 IT 门外汉,也可以想象到从这个巨大网络中产生的数据有无限的可能性。

智能化汽车

另一个重要的变化是智能化,代表的技术是人工智能(Artificial Intelligence)和扩展智能(Augmented Intelligence),均用 AI 表示。人工智能是数据处理的工具,以"机器学习"和"深层学习"为代表。简单说来,就是从大量的数据中找出模式的学习方法。随着半导体处理速度的提高,利用模仿人类大脑构造的新网络成为当今流行的趋势。只是在这个技术的延长线上,无论如何也离不开在电影《终结者》中描绘的人类和机器人为争夺主权作战的构想。因此,当今引人注目的智能化,可以理解为扩展智能的人类自然语言、为支持人类决策提供协作性(认知性)的智能。

听说如果将人工智能比喻为人,那它还只是 3 岁小孩的智力水平,今后应该还会迎来叛逆期和青春期。但是预测人工智能会怎样成长,目前是非常困难的。只是,如果上述汽车的大数据和人工智能能够产生智能系统,那么将有可能解决汽车社会现有的各种各样的问题和烦恼,其代表性技术是"自动驾驶"。

出行是人类欲望的根本,像是本能一样。如果没有钱,人们只能选择步行,但如果富裕的话,可以乘坐私人喷气式飞机在世界各地飞行。即收入所得和移动距离有强相关关系。如果收入上升、移动成本下降这些出行的经济条件好转,人类将进一步延长移动距离。

过去 100 年间,汽车在大范围得到普及,同时也是罪孽深重的工业产品。除了造成交通堵塞和噪声的问题,全世界每年交通事故的死亡人数达到 125 万。汽车产业引发的大气污染、全球变暖、能源枯竭、循环利用等问题,对环境产生了严重的负荷。其中,仅汽车制造和使用就占温室气体排放的近 20%。

可以认为物联网和人工智能带来的自动驾驶技术,能产生最终解决以上问题的机会。自动驾驶技术在为人类提供移动自由的同时,还能提供各种世界性难题的智慧解决方案。如果按需呼叫的无人配车服务(以下简称"机器人出租车")能够支撑人与物的移动,那么削减堵车和交通事故,构筑对地球环境友善、最优化的能源平衡也将不再是白日做梦。

电动化是最终的智慧解决方案

如果物联网和人工智能是带来移动自由的技术革新,那么对汽车产业来说,电动化使自由在真正意义上变得可持续,可以说是最终化的技术革新。为了使出行对环境保持碳中和(人类活动不使大气中的二氧化碳纯增),必须构筑理想的有效制造、储存、利用电和氢的二次能源的分散型能源社会。

事实上,电动化与自动驾驶技术带来的新的出行社会的匹配度非常高。电动汽车由发动机、逆变器、电池三个主要模块构成,结构相对简单。现在的电池性能是有限度的,随着电池性能的提高,从混合型电池到组合型电池的设计和生产的结构变更也应该成为可能。

内燃机车利用发动机产生的负压来实现停止、转弯等高效率的行驶管理。与此相应的自动驾驶车行驶控制十分复杂，但如果连接到网络，用远程操作控制，只把电作为动力源，就可以更加简单化。在技术上，发动机扭力特性大的电动汽车的动作控制，在低速时比内燃车容易得多。

而且自动驾驶技术的动力源依赖于电，能够带来很大好处。如果是专门用于出行服务的简单功能的机器人出租车，生产、修理、整备就会大幅度简单化。为了提高机器人出租车的运转率，提高性价比和缩短整备和维修的周期是非常重要的。

但是，电动化也有各种各样的问题。现今很难将制造电力的石油、原子能、可再生能源这三个一次能源的构成（能源混合）改善到碳中和的水准，而且电池的技术也还有很多限制。

虽然电动化技术的确在稳步发展，但在性能、成本、供给力方面都仍有待提高。如果能源混合、电池性能没有突破性的进展，只依赖电力就不能实现轻易地移动。电动化是汽车开启下一个100年所面临的重大课题，可以预测到解决这个问题需要相当长的时间。

第三节　由 CASE 革命带来的汽车未来蓝图

汽车产业和出行的未来蓝图

图1-5概念性地显示了出行的未来。从现在到过渡时期，再到未来的出行形式分为个人保有、共享和公共交通，并将其变化进行了概念抽象。第三章将解说这种变化的具体数值预测，在这里希望诸位理解移动终端向未来进化的概念。

目前，人类通过个人保有汽车实现了大部分的出行，其所有

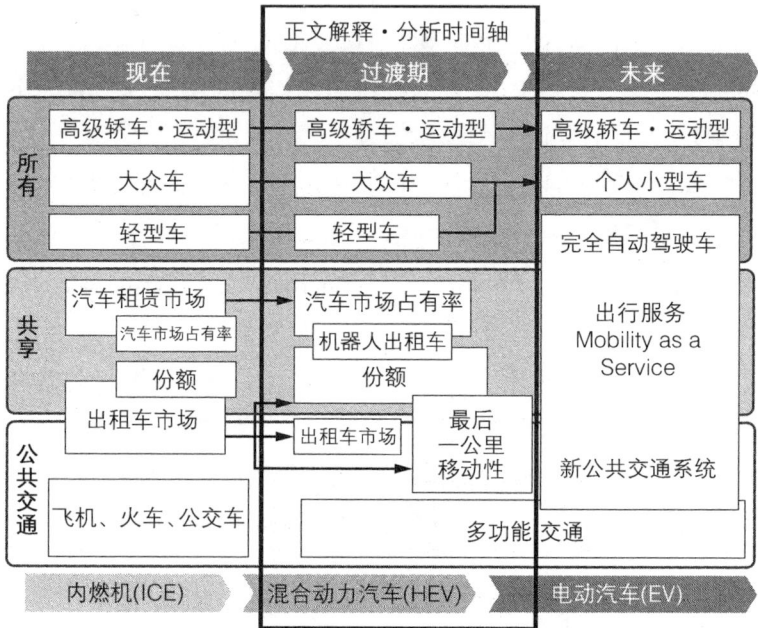

图 1-5 汽车产业和出行的未来蓝图

资料来源：中西汽车产业研究所

结构形成了汽车尺寸和性能的分层结构。只有 1%～2% 的移动距离由出租车、租赁汽车、公共汽车等共享移动终端提供。面向未来，移动终端将逐渐从"个人保有"转变为"共享"，并且汽车将从概念上转变为超智慧城市中的社会设备。

或许转变期的中间点将出现在 2030 年左右。在那个阶段，共享经济将继续稳步增长，汽车租赁转向汽车共享，出租车转向乘坐共享，其中一些可能被机器人出租车所取代，并且通过出行服务不断提高人们出行的频率。

在人口稀少的地区和郊区，如支持"最后一公里"（到目的地为止的最后一段里程）的无人驾驶电动巴士（Robot Shuttle）这样的一般无人移动服务将会诞生,因其产业收益化困难而很有可能作为公共交通。未来多种交通方式将无缝连接,并且追求效率的多模式交通也将不断普及。据说,在支持多模式交通基础设施的网络空间中,软件和数据分析的准备也将稳步发展。

在未来科学中,技术的特异点(科技奇异点,以下称"奇点")的概念引发了热议。在人工智能发展并超越人类智能的奇点中,技术革新以指数级高速发展并变得无限大。据说会发生难以想象的社会变革。

如果半导体和人工智能正在接近奇点,那么汽车行驶的需求将大大减少,并且行驶距离将由商品化和极其廉价的共享移动终端主导。未来汽车将成为社会基础设施的一部分,与公共交通的边界也将随之消失。这意味着"社会5.0"倡导的超智能社会将得以实现,许多社会问题将得到解决。如果这样,传统汽车工业将失去继续存在的理由。如果世界可以变得更好,汽车行业或将可以消亡。

"就这样,汽车打破了100年一次的外壳,用移动终端来解决社会性课题,大家都过着幸福的生活。可喜可贺……"如果这样发展下去,那这就是童话故事的结局。但很遗憾,现实世界的故事不会成为童话那样单纯的快乐结局。

MaaS 和 POV

对于破坏性变化会进展到何种程度,现有看法众说纷纭。特别是,这个过渡期是转瞬即逝的呢,还是需要经过时间沉淀经历混沌时期呢?事实上具体的过程是无法准确预测的。有关CASE的许多讨论中,对于过渡期的流程是很暧昧的,这难道不也是因为对移动终端的进化存在误解吗?

首先，这里想解释一下 MaaS 和 POV 的意思。MaaS 是 "Mobility as a Service" 的简称，通常指 "作为服务被利用的移动终端"。所谓 POV(Personally Owned Vehicle)是指 "个人保有的汽车"。因为 MaaS 和 POV 是重要的用语，所以希望读者朋友在这里提前理解和记忆。

接下来，让我们明确一下 MaaS 的定义。以前 MaaS 在狭义上是指公共和民间的交通手段组合成多模块的移动。在这里，MaaS 是全面使用包括移动终端在内的更广义的概念，广泛地包含了满足人或物品的移动要求的汽车共享、乘坐共享(共享驾驶)的出行服务，经由出行服务平台的各种出行服务以及能够解决社会问题的出行解决方案。

汽车产业的商业世界是以保有汽车为前提建立起来的，制造出的汽车经由经销商向用户销售，通过维护和商务价值链，将汽车制造厂和用户直接连接起来。另一方面，在 MaaS 中，提供移动服务的服务运营商(以下称为 "服务商")和汽车制造商之间，介入的管理交通信息和服务的 MaaS 平台发生了结构性的变化。第六章中将详细介绍这种结构性变化。

在这里，我们所关心的是在未来的具体时刻，依靠 MaaS 到底能够移动到哪里，MaaS 占总移动距离的比率提高到多少。简而言之，全世界公路总移动距离中，将有百分之几是私有车辆的移动，而出租车、共享驾驶、公交车、未来的机器人出租车等的移动会发展到何种程度。

将此设定为总移动距离的 MaaS 比率。现在的 MaaS 比率只不过是世界的 10 兆英里[①](约 16 兆公里)的 1%～2%。当提

_____

① 英制长度单位。1 英里＝1.609 344 公里。——编者

供了多模式交通和机器人出租车等新服务,使得降低价格,经济
压力减小成为可能时,人们会逐渐放弃汽车保有,但又能依赖出
行服务实现何种程度的出行呢?

个人保有汽车的开动率只不过是 4％左右,96％的个人保
有汽车处于停车状态。另一方面,假设作为 MaaS 车辆的机器
人出租车的开动率为 40％,1 台机器人出租车的年度行驶距离
能扩大到普通个人保有汽车的 10 倍。用极端的说法,一台机器
人出租车可以代替 10 台个人保有汽车。当然仅靠这样的乘法
和除法是不能预测现实世界的变化的,因为个人保有汽车和
MaaS 的使用方式各不相同,对车辆性能也有不同的要求。

变化随着时间的推移而复杂地进行

在 2030 年的未来蓝图中,以个人汽车保有为前提的传统汽
车商业很有可能处于扩大期。除美国以外,中国、印度等新兴国
家的汽车保有热情今后也有很大的可能性会增加。出行的使用
方式在都市、郊外、人口稀少的地方应该完全不同。在城市地区
汽车保有欲望肯定会减少,但是很难想象在郊外、人口稀少的地
方汽车保有欲望会大幅度下降。

个人保有汽车和 MaaS 要求的车辆性能的差异也很大。虽
然 MaaS 的成本稍高,但要求高,MaaS 车需要具有各种各样的
功能,高性能且不易损坏。另一方面,个人保有汽车经济性特征
比较出色,要求车辆安全且能够高速移动很长的距离。

在 MaaS 和个人保有汽车的应用中,自动驾驶技术的水平
也完全不同。牛顿运动定律是物理学的基础。各位应该还记得
惯性定律、运动定律、作用力和反作用力定律。移动重的东西需
要很大的力量,撞击时的冲击力会随着速度和质量的变大而变

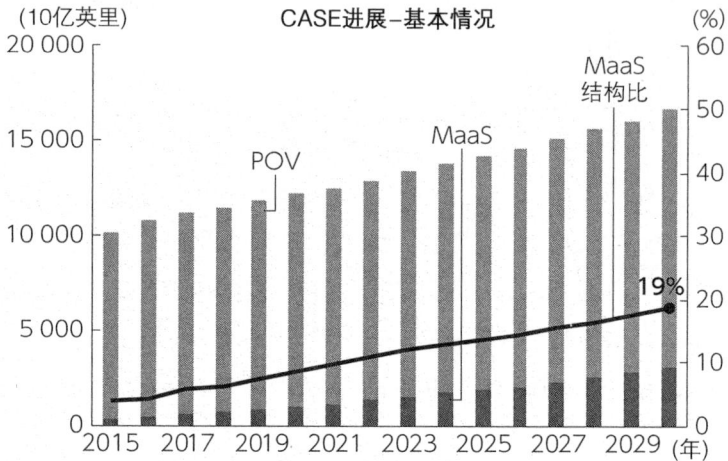

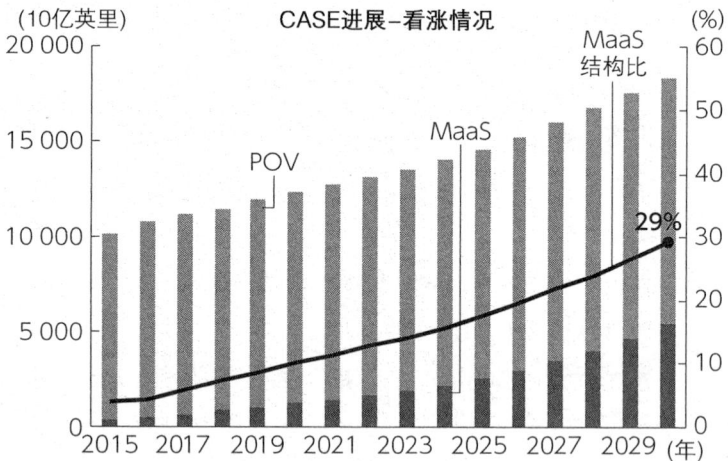

图 1-6 总移动距离中 MaaS 比率-基本情况和看涨情况
资料来源：中西汽车产业研究所

大。时速 50 公里，撞到混凝土墙壁时的冲击力与从大楼 5 楼掉
下来的情况相同。将速度扩大 2 倍至 100 公里的话，冲击力将
会是 4 倍。光是想象就很恐怖了。

　　根据物理定律,汽车转弯处有离心力,轮胎和道路之间有摩擦力。把1吨以上的物体加速到时速100公里以上,安全地操控并实现停车的难度是非常高的。笔者认为如果不能跨越牛顿运动定律,就不能简单地将私家车替换为机器人出租车。

　　对"MaaS将会扩大"这一结论的否定不具备说服力。但MaaS车和个人保有车不是简单相互代替的关系。如果MaaS移动成本下降,人类可能进一步发现出行的不同使用方式,延长总移动距离。由此应该把讨论是否有奇点放在一边,汽车产业从个人保有转变为汽车共享很可能是个非常长期的过程。

　　从以上的分析可以看出,MaaS和POV两个商业模式很有可能同时持续发展。汽车的个人保有应该不会简单地改变,但租赁和签约认购等购买的形态会逐渐多样化。个人保有汽车有10年以上的更新周期,需要花费非常长的时间进行替换。汽车厂商会对所拥有的个人保有车维持一定的剩余价值,而这个价值会由价值链给出反馈,这是现在的生态系统长期持续存在的估算。

在CASE革命中,汽车产业将再度成长为出行产业

　　笔者认为2030年汽车产业发生崩溃性的社会变革的可能性极低。作为支撑安全保障和国家经济的基础产业,各国都制定了不同的限制规则,构筑了保护本国汽车产业的防卫政策。在股票市场中,破坏者(通信及IT企业)的股价水平持续上升,传统汽车产业的股价同时也渐渐上升,这样看来,一定不存在想孤注一掷的投资家。

　　很难否认,汽车产业伴随着CASE革命迎来了根本性变革的时代。但是这种变革并不像手机被智能手机替代一样是瞬间

发生的,而是需要花费时间发展的。企业准备变革的愿景固然很重要,但理解产业变化的过程,预备必要的应对能力才是应对CASE 革命的重要解决方案。

在过渡时期,如果预测汽车保有量和汽车共享双方的价值将不断扩大,那么汽车产业就需要制定提高服务竞争力的双面战略。在移动动力源方面,发动机和蓄电池同时使用的状态将会持续很长时间。环保、安全限制、使用案例、动力源不同的汽车以各种各样的形式综合存在于世上。这种复杂的过渡期会持续非常长,这是 CASE 革命的特性,从中可以看到汽车产业的生路。

汽车提供的主要功能是：行驶、转弯、停止这三大基本要素,加上舒适、安心和快乐。这里应该不需要说明三大基本要素了,这是控制汽车底盘的下车身。另外两个是对上车身的要求,舒适是指控制室内温度、振动感、座椅等,安心和快乐是指在车中进行娱乐享受,这样的多媒体系统展示了汽车与人类有着怎样的关系,这就是人机界面(HMI)的世界。以上汇总了各个控制功能的区域称为"域"。

现在的汽车已经过于复杂,各自的域有很多操作系统零件(制动器)的硬件和控制操作的电子控制单元的软件协作。即使是控制转弯、停止,也不仅仅是单纯地依靠踩刹车和切断转向装置来操作。光停车控制,就需要通过联合复杂的控制发动机、回生电机、制动器的控制,从而控制整辆汽车。

在这种控制的复杂特性下,汽车产业不得不进入 CASE 革命的过渡期。如果导入互联与自动驾驶这两个域交叉形成复杂系统,汽车的复杂性将无限扩大。今后的汽车设计在以下两个领域中必须进行大幅改变：

（1）自动驾驶这个动力传动系统和车辆控制的车内领域；

（2）互联、出行服务等与汽车外部连接的车外领域。

未来汽车的结构可以预见历史性的变化。第一，产生新的设计概念（以下称为"架构"），该新的设计概念能够超过域来控制庞大的硬件。第二，可以期待硬件与软件之间的分离。第三，附加价值转移到软件，软件与软件协作的综合控制是把握竞争力的关键。必须把这个设计背景和动力源的电动化综合性地嵌入"制造"中。整合一连串的变化，投射到设计图中并确立批量生产技术的能力。这种能力在现阶段应该只存在于一部分的汽车企业和汽车供应商。

作为破坏者的互联网公司四大巨头对于汽车制造恐怕完全没有兴趣。这些企业本来就不会制造汽车，也不想涉及产品质量问题，他们不可能致力于这种很难赚钱的产业。另一方面，由于汽车产业融合出行服务和"制造"，双方很有可能展开激烈的博弈。

所谓的CASE并不是引导汽车产业走向灭亡的变革，而是强化产业必要的改革和行动，汽车厂商希望借着自身的突破和创新，掌握数据的所有权。网联化、智能化和电动化就像三个撞击地球的陨石，将对汽车的价值产生破坏性的爆炸力。但是，这股破坏性力量却创造了再次激活汽车产业的机会。就像人类遥远的祖先从巨大的陨石飞来后得到幸存进化一样，未来将会产生推翻"汽车产业100年衰退论"的产业革命的机会。

第二章
破坏者

第一节　IT 产业在车内领域的
　　　　　进攻战略

用软件替代驾驶者

　　无人驾驶的时代很快就会到来,让人最初意识到这种未来的可能性,是美国国防部的国防高级研究计划局(DARPA)组织的 2005 年的"大挑战"(DARPA Grand Challenge)无人驾驶汽车竞赛和 2007 年的"城市挑战赛"(Urban Challenge)赛事。

　　这些赛事以军事为目的,以无人驾驶技术的进步为目标。在"大挑战"中,其后设立 Google X 的塞巴斯蒂安·特伦率领的斯坦福大学队取得了胜利。2007 年的"城市挑战赛",11 个团队里有 6 个团队跑完了全程,其中卡内基梅隆大学的团队获得了举世瞩目的胜利。谷歌的 CEO 拉里·佩奇也参与了决赛,并毫不掩饰对于蓬勃兴起的巨大商机的兴奋。

　　与城市挑战有关的技术人员现在成立了很多汽车驾驶相关的风投公司。给技术创新投入大额资金使其孵化商机的,就是谷歌。谷歌聚集了卡内基-梅隆大学和斯坦福大学的技术人员,开展了汽车驾驶技术的研究开发,向世界展示了用传感测量后的数据和软件创作出来的"驾驶者"。

着手实验性项目的 Google X 于 2009 年启动了无人驾驶汽车项目,作为攻克汽车制造商而发起的车内领域(In Car)进攻战略,IT 产业也正式参与进来。2015 年在加利福尼亚州由 2 人乘坐的没有制动器和方向盘的可爱样车"萤火虫"正式亮相,之后像这样的无人驾驶"萤火虫"行驶在旧金山郊外山景城的国道上的风景也并不少见。

微摩汽车的社会实现

Google X 的自动驾驶汽车项目取得了一定的成果,2016 年谷歌和其持股公司美国阿尔法贝塔公司通过直接合作的方式单独成立微摩(Waymo)。担任现代汽车美国公司高层的约翰·科拉菲克成为其 CEO,自动驾驶汽车项目步入产业化阶段。

微摩初期阶段确立的商业模式,是在美国急速扩大的被称作 TNC(Transportation Network Company,交通网络企业)的优步(Uber)和来福车(Lyft)提供的类似盈利目的的乘坐共享,即配车服务产业。因为"驾驶者"是系统,本书将此称为机器人出租车产业。

科拉菲克在上任后马上重新审视和乘坐共享公司的合作关系,与对立的公司优步诀别,转移到来福车并为其出资 10 亿美元。微摩从来福车学习乘坐共享产业的技术,为未来微摩的自动驾驶系统提供支持,并以确立一定的产业规模作为目标。

微摩看起来并不打算着手汽车制造业务,车辆采购方宣布和菲亚特-克莱斯勒汽车公司(FCA)进行产业合作。将克莱斯勒 Pacifica 小型货车作为测试车,实际安装微摩的自动驾驶系

统,在加利福尼亚州和亚利桑那州反复进行了试验,如图 2 - 1
所示。

图 2 - 1　在美国加利福尼亚州山景城公路上行驶的搭载微摩自动
　　　　驾驶技术的 FCA 小型汽车(2018 年 5 月)
资料来源：共同通讯社

　　微摩和本田也于 2016 年在汽车驾驶技术和汽车研发方面
建立了合作关系。看起来是持续了技术性的交流,但是至今在
车辆研发方面还没有明显的进展。

　　微摩到 2018 年 10 月为止,在全美 25 个城市,共计自动驾
驶了 1 000 万英里(约 1 600 万公里)。如果包含模拟测试,则达
到 50 亿英里(约 80 亿公里)。微摩在加利福尼亚州被称作
"Castle"的 91 英亩(约 37 万平方米)的用地上建设了自动驾驶
测试场,收集了各种各样的行驶数据。

　　微摩计划于 2019 年在亚利桑那州开始机器人出租车业务。
美国运输部国家公路交通安全管理局(NHTSA)制定的自动化
等级分为 5 个级别,这种车辆是第 4 级(有限制的完全自动驾驶车）。关于自动化等级，在第五章将会进行详细说明。微摩首先决定向机器人出租车公司菲亚特-克莱斯勒订购 6.2 万台的"Pacifica"。另外，也和印度塔塔集团（TATA）旗下的捷豹扩大了战略合作关系，到 2020 年为止为其提供 2 万台以电动汽车"I - PACE"为基础的机器人出租车。微摩现阶段决定采购合计 8 万台以上的机器人出租车。

2019 年开始，微摩和通用集团的通用汽车这两家公司在美国开始了自动化等级第 4 级的机器人出租车业务的营业。优步在当时也计划同时期开展机器人出租车业务，但是 2018 年 3 月的测试驾驶中自动驾驶车引发普通人死亡的事故，使得开展业务的计划日程落空了。优步认为需要再次商讨关于从自主研发体制到合作战略的一系列问题，于 2018 年 8 月决定与丰田汽车合作，计划再次启动。

谷歌微摩的终极目标

微摩定义了 4 个产业领域：

（1）机器人出租车；

（2）机器人卡车；

（3）完全自动驾驶车的销售；

（4）无人公共交通。

机器人出租车自营业开始阶段直接进入人们视野，机器人卡车也是和沃尔玛合作实际投入使用，所以应该不需要太多时间。机器人大型卡车也正在进行实证试验。未来这 4 个产业应该可以稳步扩大。

首先从第一章涉及的出行即服务领域开始，人类现已确立了出行服务的操作业务，为证实其实绩，还需要促进合作对象的提升和菲亚特-克莱斯勒汽车公司软件硬件一体化的自动驾驶配套元件的外部销售。最终自动驾驶操作系统的开放平台也应纳入关注范围。

但是，机器人出租车产业要实现盈利，估计必须将有人驾驶的市场占有率的最后一公里成本降到一般水平以下才能实现。为实现收益化，解决维持开动运转率和管理整备费用等课题是必不可少的，这部分产业分析将在第六章展开。

机器人出租车产业中服务中介本身的产业收益也很重要，但是应该将从汽车收集到的数据和使用人工智能的平台架构看作一个更大的目标，因此微摩长期收集的数据和谷歌本身铺设的平台的协同作用是很重要的。机器人出租车产业积累的大数据分析使得构筑新平台变为可能，与手机合作的人工智能代理商和广告产业自然不用说，汽车的价值链由可以公开交易的"市场"确立，应该可以做成全新的 B2C、C2C、P2P 的商业模式。

希望大家可以认识到，未来自动驾驶系统可能会切分为软件和硬件两个方面。硬件就是自动驾驶承揽供货商的实际安装，软件是谷歌用类似空中下载技术（OTA）这样的通信技术上传，这些在未来很可能实现。在遥远的未来，这样的操作系统有可能成为像安卓系统一样的开放平台。虽然听起来像是痴人说梦，但是如果限制在 MaaS 领域，不远的将来也许可以实现这样的商业模式。如图 2-2 所示。

长期来看，以自动驾驶技术和以此为基础构筑的平台作为轴心，谷歌有着与城市交通和智慧城市等社会基础设施产业密切关联的愿景。从卫星和住宅产业开始，相继参与到公共交通、能源、无人机等各种各样的产业中，其目的都是要大规模地重新设计社会基础设施。

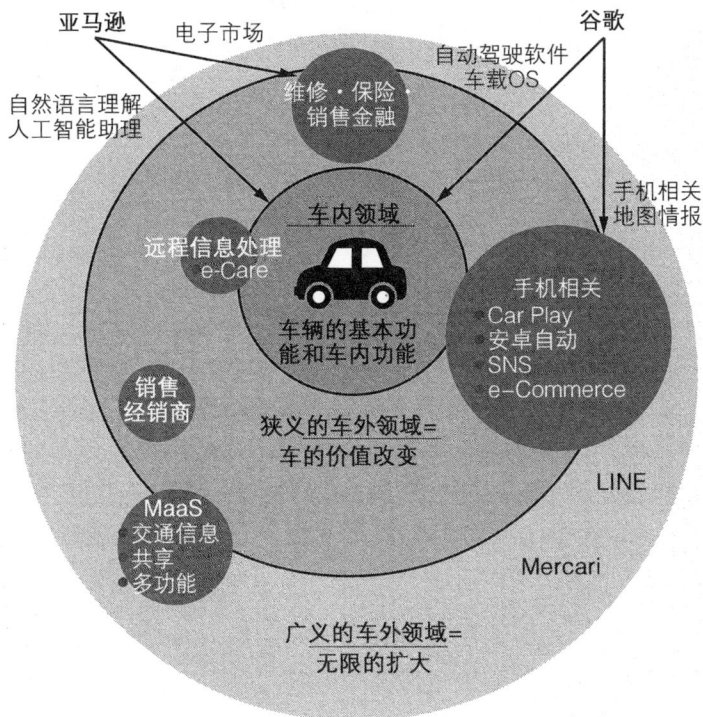

图 2－2　汽车车内和车外区域与互联网公司四大巨头的攻击

资料来源：中西汽车产业研究所

苹果公司至今仍是秘密行事

相对于稳步进行准备的微摩，至今仍不能清晰地看到苹果公司的动向，他们一如既往地蒙着神秘主义的面纱。可以看到当初被寄予厚望的"苹果车"（Apple Car）这一自动驾驶电动汽车的构想受到了挫折，但是毫无疑问苹果拥有向汽车产业进攻的强烈信念。

谷歌和苹果的商业模式是不同的。谷歌用开放平台制衡汽车操作系统，作为开放平台在广告业务上获得收益最大化。与此相对的是苹果在封闭平台内，从软件到硬件垂直整合，获取各种收益机会。因此，关于"Apple Car"这样的概念汽车是否会问世，苹果的商业模式是非常值得关注的。

传闻的"泰坦计划"（Project Titan）是指苹果的首席执行官蒂姆·库克设立的自动驾驶电动汽车的研究开发项目。以2020年开始销售为目标，曾经某段时间有过1 000人以上的研发人员体制。但是据报道，汽车的硬件未能固定规格，计划被修改，研发人员的阵容缩小了很多。现在看来，该公司正在向自动驾驶软件的研发集中资源。

从2017年4月开始，装有苹果的自动驾驶系统的雷克萨斯RX等60多辆车，在加利福尼亚州反复进行了公路实证试验。2018年5月和大众共同研发的驾驶实验计划被曝光出来，它们计划将在连接新的苹果飞船总部大楼（Apple Park）和旧办公室的接送巴士上装配自动驾驶操作系统。

"泰坦计划"当前并未公布具体是以什么样的商业模式作为目标，但是谷歌为了支配汽车的多媒体相关的车载操作系统，想要攻占车外领域并通过自主研发进攻车内领域，垄断自动驾驶系统的野心应该没有任何变化。

设想中苹果未来进攻流程如下：

第1阶段：和智能手机合作，在可以实现汽车互联化的"Car Play"平台上攻占汽车多媒体系列车载操作领域。

第2阶段：确立自动驾驶系统的外部销售商业。

第3阶段：或许最早也要到2025年左右，开始"Apple Car"的制造和销售，垂直整合从金融到软件、硬件和零部件的巨大价值链。

第二节 IT产业在车外领域的进攻战略

进攻车载操作系统

互联车的概念虽然最近不太使用了,但远程信息处理(汽车上使用移动通信服务的总称)的概念至少在20多年前就开始推广了。但是这个远程信息处理实际上并不方便,因此也没有普及。比如,声音识别的水平比较低,娱乐目录缺乏趣味性,使用方面也让人感到压力。比起在远程信息处理上做些什么去寻求突破,还不如什么都不做光听广播,反而会减轻驾驶的压力。

但是如果在行驶过程中,能够将提供舒适互联环境的智能手机和车载多媒体终端进行简单连接,汽车客户的体验将会大有不同。用户可以轻松享受有魅力的服务,打开了汽车"封闭空间",使其变为与外部连接的"开放空间"。这样,汽车的互联化得到进一步提升,很有可能成为支配汽车价值的起点。

进攻汽车产业的外部领域有两个改变方法,一个是以苹果的iOS系统和谷歌的安卓系统为基础的车载多媒体终端和智能手机的合作。另一个是将处理自然语言变为可能的云驱动人工智能,由代理商实际装入汽车。智能手机可以轻松连接车载多媒体终端是从2015年左右开始的,仅通过智能手机的数据线和车内接口连接,车载显示器就可以显示智能手机的画面。

因为可以使用平时用惯的手机软件以及使用的便利性,第一种模式在欧美一下子获得了很高的人气。其代表就是,以苹果iOS系统为基础的"Car Play"和以谷歌安卓系统为基础的

"Android Auto"，如图 2 - 3 所示。在 2017 年，互联车中将近一半都是和智能手机进行合作。

图 2 - 3　配备苹果 **Car Play** 的戴姆勒车辆的前区。下半区从左侧
开始是蓝牙免提信息画面、媒体画面、语音识别画面

资料来源：戴姆勒

　　Car Play 和 Android Auto 发布后，汽车制造商也随之开始各自的应对举措。丰田作为一股强大的反击势力，也于 2018 年在美国的一部分车型上开始采用"汽车播放器"。这种通过和 IT 企业手机合作的连接方式，具有几乎可以使用两个平台上所有面向汽车的软件的优势，拥有很高的便利性，因此也很容易提供有趣的服务。最重要的优势是汽车平台的确立，使得车载系统也可以尽快构筑节能系统，因此汽车制造商都开始采用这种

方式,以猛烈的态势普及开来。

人工智能代理商是威胁游戏的改变者

　　Car Play 和 Android Auto 车载系统得到普及的同时,多媒体车载器的接口也开始改变。以往的声音识别只能匹配固定的单词或文章模式,并不能理解对话的意思,为此用户时常感到很烦恼。现在通过人工智能技术,苹果声音识别助手搭载的"Siri",谷歌的"谷歌助手"(Google Assistant),还有现在最受瞩目的亚马逊的"Alexa",在语音识别这一方面进行了很大的改善。

　　在美国,Alexa 是人气非常高的新车标配。美国人已经习惯了在家庭中使用声音识别助手,更不用说占据美国人一天当中将近 1 个小时的汽车驾驶,也离不开声音识别助手。

　　连接网络的用户接口现在变为了触摸屏键盘操作,还有可能进行声音输入。谷歌和亚马逊将这个技术导入车载连接器,稳固了它们作为网络连接平台的地位。对汽车产业的一部分相关人士来说,这种自然语言理解被认为是威胁游戏的改变者。因为过去汽车导航和远程信息处理服务未能实现声音识别,但它们能够连接人和系统,提供全新且舒适的人机界面。

　　对谷歌和亚马逊来说,即使汽车制造商采用独有的车载系统,关闭网络连接,用户也可以从个人助手的角度选择 Alexa 和谷歌助手来控制汽车的车内空间接口。其结果就是,汽车的车体信息很容易被 IT 企业盯上。与电脑制造商和汽车操作系统无关,这类似于用户通过 Chrome 等浏览器使用服务。汽车制造商有可能会给 IT 企业提供车内空间的商业机会，虽然至今为止双方仍是互惠关系，但未来汽车制造商也许会"忍痛割肉"。

汽车制造商最大的恐惧是 Alexa 和谷歌助手成为实际标准，那结果就是未来车载系统将被 IT 企业主宰。如果谷歌和亚马逊构建起让用户无法拒绝的地位（梅赛德斯可能会拒绝），IT 企业为汽车制造商创造的条件也有可能改变。基于车载自动诊断系统（OBD-Ⅱ），汽车制造商拥有包含重要定位的行驶系统的传感信息，但也有可能被谷歌和亚马逊打开网络连接，夺取这些信息。

包括自动驾驶在内的下车身控制系统和控制多媒体代理商的上车身系统应将各自的"域"进行整合控制，这将成为今后汽车的标准。获取到行驶系统的传感信息的破坏者们（谷歌和亚马逊）可能会夺取汽车制造商的商业价值链。在那之前，汽车厂商应该会把和本公司研发的自动驾驶系统进行合作作为目标。到那时，因为交通数据、地图信息等所有的信息都是由外部获取的，即使是多媒体系统也不能安心使用。当多媒体能够控制车载系统的中枢部分时，汽车制造商可能会"连骨头都被打断"。

第三节　不惧怕禁忌的汽车制造商

特斯拉计划到 2020 年生产 100 万台电动汽车

像埃隆·马斯克（Elon Musk）一样的传奇商业人士并不多见，马斯克的愿景是保护人类的未来，为此要把可以实现移居火星的宇宙飞船作为商业模式。他正着手特斯拉电动汽车、家庭用蓄电池（Powerwall）、太阳能发电（SolarCity）这三个业务，并且构建由 SolarCity 发电、Powerwall 蓄电,给特斯拉电动汽车充电的节能系统。

试想一下,要从零开始进入火箭、汽车、电力等行业,很多人首先会觉得是不可能实现的,但马斯克仍对其发起了挑战,他难道不是一个伟大的开创者吗? 他将线上金融服务"贝宝"(PayPal)取得成功后获得的资金,投入开发制造可循环使用运载火箭的太空探索技术 Space X。在 2003 年,马斯克出资研发电动的特斯拉汽车,2008 年开始正式担任特斯拉的首席执行官。

利用电能就可以实现超跑动力性能下很多功能,特斯拉借此证明了自身拥有诞生以来新的巨大品牌价值。但是为富人提供高端车品牌并不是马斯克的目的,这不过是登上火星的第一步。

卖掉"贝宝"获得的少量资金可以做的事情,仅限于没有规模优势的高端车业务。马斯克将生产小批量车"特斯拉·Roadster"作为他宏伟计划的第一步,以其销售利润生产更廉价的中批量车"Model S",进而以其销售利润生产更廉价的大批量车"Model 3",这就是他的企业产品规划图。

这个产品规划图从 10 年前就开始计划了,现在处于完工、收尾阶段。马斯克的目标是到 2020 年为止,每年实现生产 100 万台的电动汽车(截至 2017 年为 10 万台),如图 2 - 4 所示。这期间不论处在什么样的困境中,马斯克都没有消沉气馁。他和松下共同投入 50 亿美元(约 6 000 亿日元),在内达华州的沙漠中设立了具备高达 35 千瓦时电池生产能力的巨大工厂,在 2017 年启动了这个超级工厂。同时他在中国推进销售 50 万台电动汽车的新工厂计划,计划筹措 6 000 亿日元资金。

(万台)
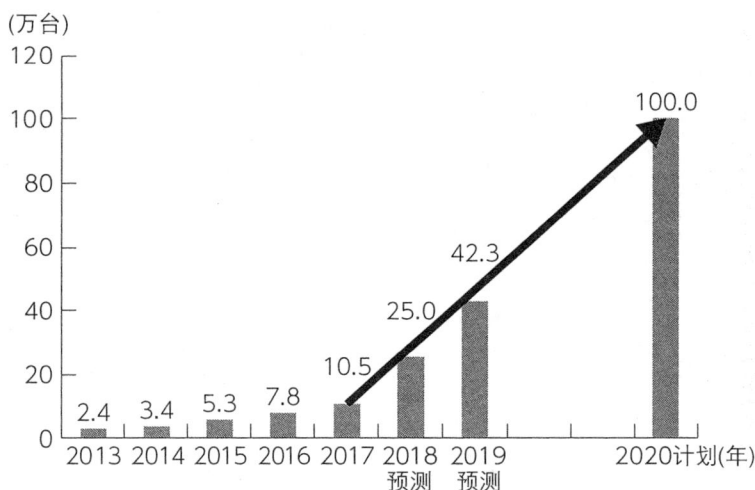

图 2-4　特斯拉的电动汽车生产台数预测

资料来源：特斯拉、中西汽车产业研究所

叛逆、反体制的埃隆·马斯克

2018 年愚人节的第二天，特斯拉的股票急剧下跌。原因是马斯克发了一条推特，"虽然很遗憾，但特斯拉完全破产了"，并配图自己靠在 Model 3 上像是失去意识（看起来像是死了一样）的照片。虽然是开玩笑性质的，但是 Model 3 的生产进度确实严重受阻，迫于资金周转的特斯拉马上就要面临经营性破产了，这是让人无法笑出来的黑色幽默。

马斯克利用推特发送信息后，并没有停止行动，反而表现出更加反叛、反体制的行为，并且无视规则。

"无聊又愚蠢的问题一点也不酷"，企业结算报告的电话会议上，马斯克无视关于生产预测分析师的提问，中途挂断了电话。因为资本市场对其作为的批判颇多，几天后马斯克被要求道歉。

在泰国发生 12 位少年和足球教练洞窟被困的事故时，马斯克发表了有悖常识的言论。当全世界都在祈祷潜水员拼死救出被困者时，马斯克在推特上辱骂英国潜水员是"恋童癖"，并且说"不相信的话可以打赌哦，这是真事"。

可能这是马斯克对于建议提供救援用的迷你潜水艇方案没有被采用而表达的愤怒。但是他轻视生命的言行遭到了大众舆论的非难，马斯克被要求公开道歉，股东好像也提出了非常严厉的抗议。作为一名保护人身安全的汽车制造商的首席执行官，这是极其不正确的言行。

自由奔放的超级天才、颠覆者马斯克创立了风投企业，姑且不论在创业初期阶段他的作为，但作为雇用了众多员工的社会性企业的负责人，作为缴纳税款接受补助的上市公司的首席执行官，他的品格渐渐被众人攻诘。过去也有过这样的事，斯蒂文·乔布斯被苹果赶出，优步的创立者特拉维斯·卡拉尼克因为违背规定以及企业文化被质问，当然他的经营也被质疑。

不知是因为在这样的风潮中感到厌烦，还是因为厌倦了被人嘲弄，2018 年 8 月马斯克突然在推特上公开讨论取消特斯拉上市："长远来看并不正确，但这是基于股价急剧变动和季度业绩经营的判断需要。"

马斯克的主张虽然是正确的，但在推特上公布极有可能会变为谣言传布，这是不符合常识的做法。这个"取消上市"的事件最终成为一场闹剧，不到一周便撤销了，而对马斯克的评价更是一落千丈。美国证券交易委员会（SEC）以操纵股票的嫌疑追诉马斯克。最终判决马斯克得以继续担任首席执行官，但要辞去董事长的职位，马斯克和公司各支付 2 000 万美元的罚金，甚至在公司内部设立了监控马斯克发言的委员会，双方才得以和解。

叛逆、反体制的言行是马斯克独有的风格。但是他频频展现出不恰当的言行，频繁地发出和资本市场的主要股东不和谐的声音，原本是为跨越事业的难关而对自己的鼓励，却没想到事情朝着不好的方向发展。对于马斯克来说，是否为实现作为崇高目标的跨时代的革命，不需要在意手段，只看结果呢？

不畏惧禁忌的特斯拉

特斯拉在启动 Model 3 的生产时，经历了重重阻碍，加上一点都不像成年人的行事作风，马斯克的评价下降了很多。但不变的是"马斯克创建的商业框架，给予汽车产业历史性的冲击"这一评价。不畏惧禁忌是这个企业的恐怖之处，因为特斯拉的刺激，整个业界开始活跃起来也是事实。

保时捷、宝马、戴姆勒等被迫从根本上修改了产品和电动汽车技术战略，采用触摸屏控制整个汽车的人机界面也一下子普及开来。从安全角度认为，使用互联化的空中下载技术的考虑为时尚早，而制造商开始认真讨论使用无线通信的软件升级功能，这些都是因为特斯拉。

Model S、Model 3 也以互联为前提，成为单纯像手机一样的汽车。使用 OTA 更新用户接口（UI）的方法，是电子产品制造商率先开始使用的。其结果就是，汽车的空中下载技术落后于其他电子产品。特斯拉决定破釜沉舟，因为空中下载技术在自动驾驶时代将成为必要的技术，汽车制造商公司都不得不认真讨论如何导入。

在汽车的硬件和软件的分离上，特斯拉也处于领先地位。

提前将完全自动驾驶中有必要的硬件功能组装到汽车上，在软件完成时使用空中下载技术实现固件更新升级，然后启动功能。现在的自动驾驶仪是在 2015 年 10 月特斯拉的 7.0 版本发布时启用的。

现在在销售的 Model S、Model 3，都装有完全自动驾驶功能需要的硬件，处于等待完全自动驾驶操作系统最新版本发布的状态。本来特斯拉计划 2016 年末发布新系统，从而促进销售，但因 Model S 的自动驾驶车在佛罗里达州引发了死亡事故，计划被延迟，下一个定在 2017 年年末的发布也被推迟。

特斯拉的商业革新有着特别优秀的地方。"完全自动驾驶"的升级以及可选购买新车，会导致再次支付。这是一种崭新的商业模式，先向用户收取货款，之后用空中下载技术升级收款再提供功能。汽车的互联这一商业模式很难成立，但特斯拉变更流程，使用空中下载技术升级，给价值链创造了追加收益的机会。这种思考方式对于创造各种各样的商业机遇是有借鉴意义的。

虽然对特斯拉来说，未来为实现完全自动驾驶，搭载全部硬件是必要的，但其系统由 8 个光学照相机、12 个超声波传感器构成。通过这些传感功能达成无所不能的自动驾驶，从理论上是说不通的。遗憾的是，人们对"完全自动驾驶"作为市场营销噱头的印象无法被抹去。

马斯克说的"完全自动驾驶"到底意味着到达什么程度，长期以来都是一个谜。恐怕是接近第 2 级或第 4 级，但特斯拉公开的宣传展示影片中看起来像是什么都可以做到。用户的期待值太高会伴随着风险，但他们还是一如既往地不畏惧禁忌。这就是特斯拉的恐怖之处，也是其软肋所在。

看清未来模式的通用汽车

"世界百年一变，在这 100 个小时内也发生了一变"。

雷曼兄弟破产后的第二天，2008 年 9 月 16 日，通用汽车召开了盛大的创业 100 周年庆典，出席会议的首席执行官理查德·瓦格纳（Richard Wagner）对于危机这样表述道。此后他自身因被通用紧逼，在通用 100 周年时代表美国的名门企业品尝到了经营破产的屈辱。在那之后又过了 10 年，通用收获了引以为豪的历史最高业绩，股价也刷新了历史最高值，实现了逆风翻盘。

通用在破产后的经营经历了每年持续更换首席执行官的迷惘时期，打破这一情形的是 2014 年晋升为首席执行官的玛丽·巴拉（Mary Barra）。1961 年出生的巴拉，在位于底特律北部的中产阶层居住的沃特福特长大。对那里生活的人来说，就职于通用是十分顺理成章的职业选择。巴拉在通用研究所（现称凯特琳大学）学习，在冲压工厂接受职业实习，通过通用资金资助在斯坦福大学取得了工商管理硕士学位，是地地道道的通用独有的汽车姑娘。

使巴拉评价提高的原因是，在刚晋升为首席执行官的 2014 年，她面对通用质量问题的议会证词展现出了应对媒体和收拾不利事态的能力。并且，她在 2017 年和对冲基金的绿光资本再保公司（GLRE）的对抗中取得了胜利（见图 2-5），使机构投资者对她的评价急剧上升。

年轻有为的对冲基金业巨头大卫·埃因霍恩（David Einhorn）带领的绿光资本再保公司，获得了通用的 3.6% 的股份，对巴拉发出挑战书。当时，通用业绩虽好但形势黯淡，为了提高企业价值，通用采用了追求强行分红的双级股权结构（分为 A 类股票和 B 类股票），撤去巴拉的董事会会长职位和首席执

图 2-5 正在演讲的通用首席执行官玛丽·巴拉

行官职位,提议派遣 3 位董事。双方在长时间的协商讨论中决裂,甚至在股东大会上请股东投票,巴拉主张否决绿光资本再保公司的提议。不知是否因为在这场战斗中落败的绿光资本再保公司锋芒被挫,在那之后发生了各种各样的运营问题,遭受了巨额的资金流出。另一方面,巴拉展现出了绝佳状态。

巴拉反驳道,并不是要在短期内提升股价,而是要通过长期的研究追求可持续性发展。巴拉从印度市场撤退,将无法脱离赤字的德国欧宝卖给了标致公司,在退出欧洲市场上也表现了坚定不移的决心。同时,她开展"硅谷战略",通用汽车公开了以电动汽车"Bolt"为基础的自动驾驶试验车。通用在面对企业衰败危险时,跨越了传统汽车产业的困境,展示了持续成长的活力。

硅谷与制造业的融合

2017 年 11 月末,全球的投资家为了通用的"投资者日"(面向投资者的说明会)集结在旧金山。在这里开展了通用发展战略核心的自动驾驶技术说明会,也召开了第 4 级(有限制的完全自动驾驶)的自动驾驶试验车的试乘会,原型为 2 年前与收购的自动驾驶研发公司 Cruise 汽车一起开发的电动汽车"Bolt"。巴拉发表称,将以这辆汽车为基础,在 2019 年开始无人驾驶共享配车服务。

在人流众多和交通拥挤的道路环境下进行试乘会,是非常罕见的。试乘的机构投资者中,有批评的声音表示"驾驶不流畅",但总体上评价是好的。通用以自动驾驶技术和无人驾驶共享业务开创先锋的经营方针,也获得了评价的提升。

2018 年 1 月新年之际,通用发表了相当于美国标准化团体制定的第 4 级的量产版的自动驾驶汽车"Cruise AV"(见图 2-6)。这辆车虽然没有转向也没有脚刹,但却通过了美国交通部的公路行驶申请许可,并获得了特别许可,以美国《联邦汽车

图 2-6　通用从 2019 年开始投入量产的自动驾驶汽车 Cruise AV

安全标准》（FMVSS）允许的每年 2 500 台限定规模开始生产。使用地区被限制于可选地区，必须在"完成高精度地图数据的准备地区"，反复进行驾驶试验的"已知地区"以及从乘车地到目的地都被限定的地区范围内才能行驶，速度也限制在时速 24 英里（约 38 公里）的较低速。

虽然被限制条件，但或许从旧金山开始，2019 年商业基础的无人驾驶产业将正式开始。虽然经历了经营性破产，但这将成为通用成立第 109 周年迈向出行公司的第一步。

对通用的评价因此直线上升。GM Cruise 在硅谷研发自动驾驶系统和开展无人驾驶共享业务，以第一次公开发行股票为目标，向着扩大企业价值方向发展。通用在以密歇根州为基础的传统汽车产业的中心地，进行自动驾驶硬件的汽车装配的研发、生产。不仅是 GM Cruise，包括合作方来福车，也明确了为通用提供硬件的责任，这是一种必须要在汽车制造商完成制造领域抢先一步具备竞争力的考虑。

软银愿景基金——资金要多少有多少

2018 年 5 月，报道了一则惊人的新闻，软银集团运营的 10 兆日元基金"软银愿景基金"（SVF）给 GM Cruise 出资 2 400 亿日元，持股比例高达 19.6％。向汽车产业强势表态，并继续和破坏者进行接触的正是软银集团董事长孙正义。他把肩负信息革命重任这件事置于经营战略的核心位置，这是持续成长 300 年的公司反复进行自我变革的体现。人工智能超越人类的"奇点"将成为人类史上最大的思维定式转变的信念，同时是发掘汽车产业大革命的一大油田。

孙正义的基本战略虽然可以说是历史性的巨大挑战，但不是独立的,而是通过集团作战的"群战略",他与拥有同样愿景和志向的公司及人才结合为资本关系或结成联盟。具体来说,这个战略就是以软银愿景基金闻名的 10 兆日元的世界最大私人基金。SVF 属于沙特阿拉伯等国的政府基金,由苹果、高通公司、鸿海精密工业等科技企业出资构成,它们作为合作公司,担当软银集团的收益成长核心。

"软银将会是我们达成目标过程中助我们去除障碍的有力合作伙伴",获得强力合作伙伴的巴拉满心欢喜地评价道。

这次交易分为两部分,第一部分是 GM Cruise 的产业投资,主要以 Cruise AV 车辆为对象。软银愿景基金投资 9 亿美元(约 990 亿日元),GM 投资 11 亿美元(约 1 210 亿日元)。第二部分是 SVF 的纯投资,投资 13.5 亿美元(约 1 485 亿日元),两部分合计持有 GM Cruise 19.6% 的股份。第二部分将会在 2019 年确认有一定的产业化进展后再投资。

软银愿景基金拥有 GM Cruise 7% 的分红收益率的优先股,如果 7 年内 GM Cruise 的首次公开募股没有实现,则把优先股以一定条件转换为通用的普通股。每年 2 500 辆的 Cruise AV 汽车投资为 5 亿美元,即使公司运营等支出 1 亿美元(约 110 亿日元),每年也仅有 6 亿美元(约 660 亿日元),4 年间的产业性资金应该就可以靠这些维持。

透过孙的投资,笔者有两个发现。

首先,Cruise AV 的企业价值是 115 亿美元(22.5 亿美元÷19.6%),约 12 600 亿日元之高,而 2 年前通用不过投资了 5.81 亿美元(约 639 亿日元)。其后,进行 2 000 亿日元左右的产业化投入研发投资,即使那样也不及 3 000 亿日元。自动驾驶商业的产业价值给人一种泡沫式上涨的印象。

其次，Cruise AV 的汽车成本很高，恐怕一辆车要高达 2 500 万日元左右。这让我们再次认识了自动驾驶商业必须是形成巨大资产的资本集聚性产业。即使拥有无限魅力的未来，但眼下如果没有强大的资本能力和风险承受力就无法持续。顺带一提，通用公布了上半年 GM Cruise 的业绩，虽然还处于产业化之前，但 6 个月的经营赤字是 330 亿日元。

表 2 - 1　GM Cruise 的市值分析

（单位：百万美元，亿日元）

GM Cruise 的企业价值	11 480	12 628
Tranche1：2019 年面向创业的汽车投资	900	990
Tranche2：纯投资	1 350	1 485
软银公司投资额总计	2 250	2 475
软银公司的投资比率	19.6%	19.6%
通用投资比率	80.4%	80.4%
通用的持有价值	9 230	10 153
GM Cruise 的收购成本（2016 年 5 月）	581	639
过去三年间累计的投资金额	2 000	2 200
推测通用总投资额	2 581	2 839
通用对 Tranche1 的追加投资额	1 100	1 210
通用总投资额	3 681	4 049

资料来源：中西汽车产业研究所

谷歌和亚马逊等 IT 企业各自 100 兆日元左右的巨额市价总额，还有 10 兆日元的软银愿景基金、软银集团的资金能力，以及谋求巨大利润的投资者的欲望，正在加速着汽车行业的崩坏。

把拥有愿景和野心的组织和拥有超高才能的志同道合的人聚集在一起的"群战略"，感觉会产生不可轻视的力量。

软银集团对企图破坏汽车产业的企业群的投资规模已经达到了一个惊人的体量。孙正义的战略是不固定打法，广范围投资。如果顺利，会有一个企业成功，或是全部都带来飞跃性的成功。因为无论如何，孙正义确信，"奇点"必会来临。

第三章
汽车的价值和出行结构的变化

第一节　2030 年为止的 CASE 革命蓝图

蓝图有很多变数和限制条件

如前面所说的那样，CASE 革命就是将汽车网联化、智能化、共享化、电动化这四个重大的未来流行趋势复合在一起，将使汽车价值产生革命性变化。本章将预测到 2030 年 CASE 革命给汽车价值和社会结构带来的变化，并探讨其对汽车产业的商业价值链带来的影响。

汽车网联化、智能化、共享化、电动化的普及将怎样进行，当下有很多预测。另外，众多咨询公司提出，这四个未来流行趋势将使未来蓝图产生破坏性的变化。其中过激的预测偏多，没有准确的根据。为了重视变化的过程，这里笔者将基于分析师的推论探讨个人的预测结果。

CASE 革命的未来汽车蓝图中有很多变数和限制条件。例如，第一章讨论的传统汽车在购入和保有的基础上的出行（私家车的移动距离），和利用 MaaS 平台的出行（出行服务终端的移动距离）的使用方式有很大不同，两者间的替代不能仅通过单纯的汽车运转率和移动距离决定。出行服务平台的发展，创造了新的出行方式，移动距离本身也有可能被延长。

为了思考今后的 CASE 革命将如何展开，就需要预测多个交通机构合作的多模式交通的移动距离的延长，但也必须理解智能手机和车载终端将怎样使出行服务换乘软件普及，支撑它们的网络基础设施的准备需要进化到什么程度，这些都是重要的讨论点。

不同国家对于出行问题的态度不同，也使分析变得更加复杂。日本的人口过疏化、高龄化、司机不足是很重要的课题，而欧洲各国则存在公害、司机不足、停车场不足等问题。美国不同区域的情况也不同，城市和郊区各地方，有很大差别。有很多城市居民的巨型城市和卫星城市以及通勤圈的郊区、人口 10 万人左右的地方城市、人口过疏化地区都有很大不同。必须从细微的角度对全球城市人口密度、交通限制、移动条件的模式进行整理。

CASE 的四个流行趋势呈现出并行发展，还是各自独立发展产生差别，也是很有趣的讨论点。例如，在印度，司机作为重要的就业去向不能完全被自动驾驶替代，因此政治上对于自动驾驶技术持强烈否定态度。另一方面，中国将自动驾驶和人工智能作为社会基础设施普及，为了通过电动化确立世界竞争力而采取积极推进的政策。

对作为出行服务核心的机器人出租车的稼动率、整备时间、移动速度、最重要的车辆寿命的前提等问题的处置，会使机器人出租车的市场发生很大变化。讨论电动汽车时应从补助金政策的预测，讨论到成本结构、电池性能、供给力、基础设施准备等方面。自动驾驶技术中成本和性能自不必说，云技术、移动网络、法律的准备和社会的包容性也是重要的因素。

2030 年的 CASE 革命

在第四章进入详细的讨论之前,让我们一起俯瞰 CASE 革命带来的汽车变革。如图 3 - 1 所示,时间轴均为 2030 年这个时间点上的预测,分析对象是日本、美国、欧洲、中国这四个主要地区的新车市场。首先,关于网联化,预测 100％的车辆都将成为拥有联网功能的互联车。关于自动驾驶,预测最少 6％,最多 10％的车辆将成为系统拥有驾驶主导权的第 4 级和第 5 级(自动化等级的定义将在第五章解说)的完全自动驾驶车。另外,共享服务方面,预测在移动距离中出行服务终端的构成比最少为 19％,最多为 29％。预测电动汽车的比率为 46％～52％,自动驾驶电动汽车为 8％～10％。

笔者估算 2030 年联网的汽车数量接近 10 亿辆,开始构筑大规模网络。笔者预想这将成为巨大的数据市场,大量的汽车传感信息和交通信息将会大数据化,用人工智能进行分析,自动驾驶、连接、共享等各种各样的移动服务将会产生。第四章会切入互联车的核心讨论,但互联的重要论点是,理解连接远程信息处理车外领域的不同意义。

互联车不是单纯的服务多样化,是汽车控制和车外领域变为一体相连的意思。其中产生的汽车数据,将成为扩大自动驾驶运用的重要基础,最好将互联和自动驾驶理解为硬币的正反面的关系。为了迎接真正的自动驾驶时代,互联的汽车联动数据中心是不可缺少的。

另一面,远程信息处理利用一般的互联信息和娱乐的扩大,通过与智能手机的合作和车载多媒体系统,扩展为无限服务。

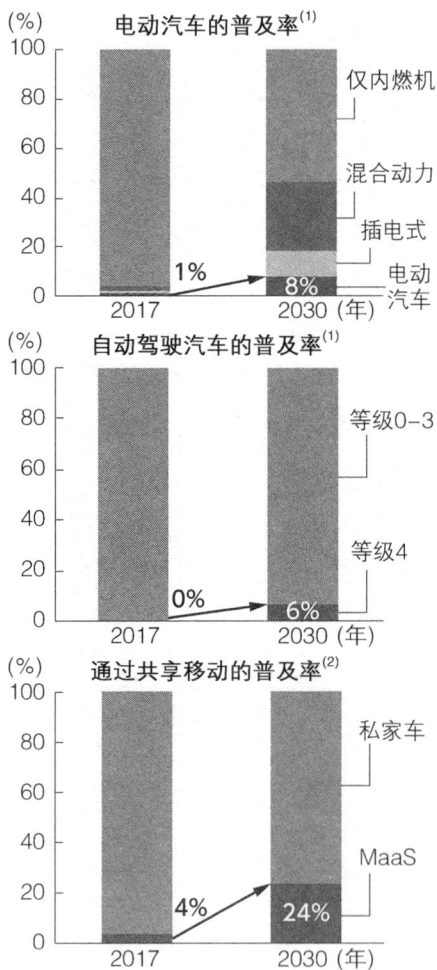

电动汽车的普及率[1]

仅内燃机

混合动力

插电式

电动汽车

1%　　8%

2017　　2030 (年)

自动驾驶汽车的普及率[1]

等级0-3

等级4

0%　　6%

2017　　2030 (年)

通过共享移动的普及率[2]

私家车

MaaS

4%　　24%

2017　　2030 (年)

注：（1）占世界新车销售台数比率。
　　（2）占移动距离比率。

图 3 - 1　2030 年预料的 CASE 的进展

资料来源：中西汽车产业研究所

互联网公司四大巨头的想法是从多媒体开始,深化车外领域和汽车的关联,连接车内领域的自动驾驶软件和汽车多媒体系统,最终也将其放入汽车控制。

自动驾驶技术的普及在 MaaS 汽车和个人保有汽车的普及率有很大的差异。如上文叙述的,出行服务和个人保有汽车的讨论常常被混同在一起。未来由机器人出租车、无人驾驶有轨巴士等完全自动驾驶车承担人们一部分的出行是非常现实的。

如果将汽车共享、共享驾驶和优步这样的配车服务的共享移动终端与自动驾驶技术结合,移动成本将有可能大幅下降。可以按需呼叫的机器人出租车的用例应该可以有飞跃性的提升,并且出行信息被实时高效管理,多个交通手段无缝连接的多模式交通将会得到推广。其结果就是,出行服务会显著成长。

但是个人保有汽车的第 3 级的自动驾驶在哪个阶段可以确立并没有被确定。2030 年时,个人保有汽车的完全自动驾驶的普及被认为很有可能被限制。

20%到 30%的汽车将转变为完全自动驾驶的强势预测,是依据出行服务的用例中个人保有汽车的移动可以轻易替代的逻辑而成立的。因为有可能存在对出行服务的误解,因此最好考虑实现可能性比较低的情况。

互联车如果成为物联网的信息终端,其服务的对象在某种意义上将拓展为无限大的领域。共享和服务,是网罗汽车产业从制造业向出行服务企业转型的全体性业务的概念。但是在汽车上控制家里电器的开关,或是在 Mercari(日本 C2C 二手交易平台)上售卖中古包,无法联想到它们对于出行有什么价值。本书关心的领域是,有关出行服务和汽车的商业价值链。

两个未来蓝图——哪个才是正确的？

对于 2030 年新车台数可以持续增长还是转向减少，大众意见分为两派。机器人出租车真正普及，减少个人持有汽车持有辆数的可能性确实存在。因为不依靠人手的自动驾驶车可以提升使用效率，所以使用期内可以行驶的距离是个人持有汽车很多倍。据某咨询公司称，1 辆出行服务车可以替换近 10 辆个人持有汽车的所有行驶距离。

让我们做一些计算。个人持有汽车的年平均行驶距离是12 000 公里，假设使用期为 13 年，汽车"一生"移动 15 万公里。自动驾驶的 MaaS 车辆平均速度为 35 km/h，使用效率为 40%，将前提设为使用期是个人持有汽车的 1/3 即 4 年，可以行驶 50万公里。这个前提下，计算得出 1 辆出行服务车将代替 3 辆个人持有汽车。

年移动距离以每年 2% 的速度增长，试算一下，将 2030 年的移动距离的 25% 用出行服务替换个人持有汽车。个人持有汽车的持有辆数减少 20%；另一方面，需要 2 700 万辆出行服务车。将其除以平均使用年数得出的辆数作为新车生产率，个人持有汽车的新车从 12 000 万辆减少到 9 600 万辆，出行服务车的销售辆数扩大为 650 万辆。合计新车销售辆数从 1.2 亿辆减少到 1 亿辆的算式成立。

但是这个计算式有三个不完备的地方。第一，出行服务的普及前提是置换个人持有汽车。持有多辆汽车的人可能会因为出行服务的扩大使用而减少 1 辆个人持有汽车。但在那些只有1 辆车的人中，依靠出行服务将持有车辆数减少为零的人究竟会有多少呢？

第二，出行服务大部分的移动手段以机器人出租车实现为

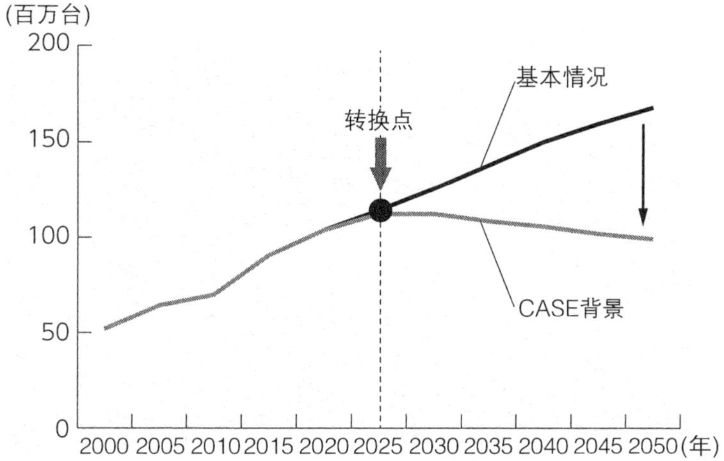

（百万台）
200

150

转换点

基本情况

100

CASE背景

50

0
2000 2005 2010 2015 2020 2025 2030 2035 2040 2045 2050（年）

图 3－2　汽车生产台数的两种情况

资料来源：中西汽车产业研究所

前提。机器人出租车的普及可以推进，但却并不能确定 2030 年时能够有无人驾驶且到处都可以运用的万能机器人出租车。并且无法全部使用无人驾驶机器人出租车支撑出行，传统的有人共享驾驶和多模式交通中出行服务运用的领域应该还会留存很多。

　　第三，必须考虑出行服务的普及给出行的使用案例带来的影响。通过出行服务的普及，很可能实现出行的自由度增加，成本降低，出行的使用案例增加，移动距离增加。特别是，单次的移动距离在 10 公里以内的出行频率、高龄者和偏远地方的移动困难者的出行频率看似会增大很多。

　　假设，移动距离的年增长率提高 1‰，个人持有汽车替换率不是 3 而是 2，即使严格看待机器人出租车的普及度等变化参数，私家车的持有辆数在 2030 年也会增加。为了使个人持有的

71

新车与过去设想的 12 000 万辆没有太大变化，出行服务车需要 700 万辆，则新车销售数何止会减少，反而要扩大。

这样想来 2030 年汽车生产辆数不减少的可能性很高。传统汽车的价值是虽然感到有很多不便，但同时可以获得持有的喜悦；是可以满足任何移动需求的万能移动手段；也是可以露出喜悦或悲伤的感情的私密的感情空间。很难想象"我的车"和"爱车"这样的传统汽车价值在不久的将来不复存在。

但是如果可以用智能手机获得最适合的出行解决方案，那就不难想象对此的需求将飞跃性地扩大。不容置疑的是 CASE 革命中人们的出行将被再次定义，汽车价值诞生了新的领域，传统的价值会变化。即使生产辆数的规模没有太大变化，附加值的源泉很可能会在价值链中产生大的变革。汽车的制造、装配、销售这样的中游产业将会减少附加值，使附加价值转移到毛坯和零部件的下游，以及维修和服务的上游。这种价值链的变化值得研究。

第二节　从私有到共享的变化和影响

MaaS 的 5 个商业模式

首先，让我们理解 MaaS 的商业模式。回忆一下序章所叙述的，伴随着 MaaS 的扩大，汽车产业发生结构变化。传统汽车产业的商业模式是，汽车制造商介入各级经销商，拥有直接的客户连接点，搜集其信息，反馈给研发部门，汽车厂商站在巨大的金字塔顶端君临天下。这种情况下，规模优势才是强大竞争力的源泉。

通过 MaaS 汽车开始从私有变为共享，使用者和服务商之间产生了 MaaS 平台,那么就需要构筑包含服务商收益性在内的生态系统,其中心是出行服务平台(MSPF),而数据的收集能力和人工智能的解析能力将成为 MaaS 新的竞争力。

如图 3-3,展示了以上概念。

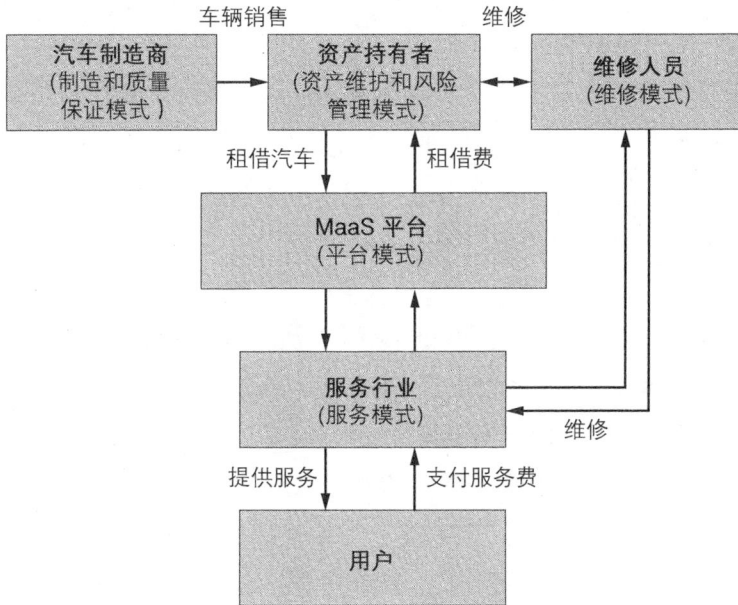

图 3-3　MaaS 的商业模式的概念

资料来源:中西汽车产业研究所

汽车制造商将车辆资产卖给资产持有者,服务商利用这些车辆资产给客户提供各种各样的服务,这就是 MaaS。这种车辆资产需要巨额的资金,因此应该会诞生和现在的飞机长期租赁业一样专门管理风险的产业。这种车可以持续保持高稼动率的运营,可能会产生以低成本进行高品质维修的巨大竞争领域。出行服务平台能够有效管理供需匹配、价格提案、结算管理、顾客信息等，为服务商的业务提供支持并创造能够产生收益的产业环境，是基于物联网的平台。

基于这样的理解，大体上会出现 5 个商业模式，分别是：① 运营可以提供数据中心和人工智能分析的出行服务平台的平台模式；② 提供保养维修、保险等的维修模式；③ 管理车辆投资并且进行资产和风险管理的资产维护和风险管理模式；④ 给客户提供各种服务的服务模式；⑤ 提供汽车硬件和自动驾驶系统的制造和质量保证模式。

保护汽车制造商附加价值的出行服务平台

在汽车制造商的立场上有 3 个必要的战略。

第一，保护有可能失去的传统制造和销售的附加价值，确立在出行即服务时代也可以获利的制造体系。这部分下一节将会详细解说。但即使新车销量持续增长，也可以预想到新车的制造销售利润率会降低。第二，必须建立出行服务平台，确立将出行服务的扩大作为收益源的架构。需要创造出远程信息处理保险和修理等的价值链商业、广告商业、无限扩大的互联服务和基于大数据分析的新商业。第三，拥有自己作为服务者从而产生收益的选择。

因为介入出行服务平台中的谷歌和苹果等互联网巨头的存在，汽车制造商和最终消费者的顾客连接点将会消失。客户数据将会被拥有出行服务平台的 IT 企业所吸收，汽车制造商将会面临从支配者跌落为被 IT 企业所支配的生态系统的从属者的风险。

为了不落后于 IT 企业，早日确立自动驾驶技术，构筑互联的基础，汽车制造商正准备确立将出行服务平台作为中心的新出行服务生态系统，这是保护自身附加价值的重要战略。这也是以 2016 年的戴姆勒和丰田汽车为首，2017 年的福特和 2018 年的大众集团相继公开亮出出行服务平台和互联战略的原因。

　　汽车制造商也有确立平台地位的方法。汽车产业的优势除了能够提供高品质的汽车、高质量的维修、经销商的优质服务之外，还拥有提供大规模资金的能力，可以构筑专属于汽车制造商的，提高安全性的数据中心。而安全和品质是追求差异化的源泉。

　　问题是各汽车制造商分别确立的出行服务平台规模会比较小，自有 IT 人才不足。是否可以提供轻松利用服务的接口和架构，竞争力可以确保到哪个程度，这些都是不可知的。

　　在互联的通信、云基盘、数据中心的硬件之上，出行服务平台的软件研发需要巨大的研发投资和设备投资的资金。可以应对如此巨大投资规模的汽车制造商，在全世界只有 5 家左右。其他的制造商们面临着是和可以构筑平台的汽车制造商合作，还是和 IT 企业的平台合作的选择。

带有车轮的出行服务平台 e-Palette

　　丰田汽车于 2018 年国际消费类电子产品展览会上发布了出行服务专用电动汽车"e-Palette"，将从 2020 年开始，为出行服务汽车和无人驾驶汽车产业的服务商提供平台。e-Palette 是利用自动驾驶技术的无人 MaaS 专用车，配置了马自达研发的环形交叉发动机，是搭载了专用发动机的电动汽车。

　　MaaS 专用车的车辆设计具备了人的移动、物流、零售等特征，能够提供各种各样多功能性服务。如自动驾驶的驾驶共享（机器人巴士）、开往医院的自动驾驶飞机、午餐的配送车等（见图 3-4）。未来也许还能根据时间带区分汽车的用途，并根据

图 3 - 4　丰田汽车的出行服务专用汽车 e-Palette，作为机器人巴士
　　　　使用（上图），也正在研究各种各样的使用形式

资料来源：丰田汽车

服务器的用途来搭载设备。这个架构的详细解释，在丰田汽车的主页上（https：//global.toyota/jp/）有动画演示，也许可以提供一些参考。

丰田的出行服务合作伙伴有亚马逊、必胜客、优步，技术合作伙伴有滴滴出行、马自达、优步等知名企业。在日本，丰田与大和运输、7-11等企业签署了共同研发协议，探索便利店、送货上门领域的新服务形态。丰田以2020年前半期开始提供服务作为目标，以2020年东京奥运会上展示搭载一部分功能汽车作为方向。丰田汽车的自动化等级为第3级左右，很有可能只停留在有限的服务上，但东京奥运会作为面向世界的展示橱窗，对丰田来说是一个绝佳的展示机会。

e-Palette向自动驾驶配套元件研发公司展示了汽车控制的接口，自动驾驶配套元件研发公司可以独自研发面向e-Palette的自动驾驶配套元件（自动驾驶控制软件＋传感器）。硬件可以由汽车制造商像"交钥匙工程"（Turn-key Project）一样提供，软件可以由自动驾驶配套元件研发公司单独通过出行服务平台提供。

丰田展示了这样的e-Palette产业架构：车辆信息从e-Palette搭载的数字通信模块（DCM）积蓄在丰田大数据中心（TBDC），然后基于以上信息，丰田提供租赁、保险、维修服务，通过出行服务平台提供服务商所需要的车辆状况、动态管理数据。服务商可以选择与自己商业模式相匹配的自动驾驶系统，在出行服务平台上对提供自动驾驶配套元件研发公司的软件进行维修、更新等。

在这个e-Palette架构上加上上述MaaS商业模式，可以完美匹配上文所述的5个商业模式，可以理解为e-Palette是带有

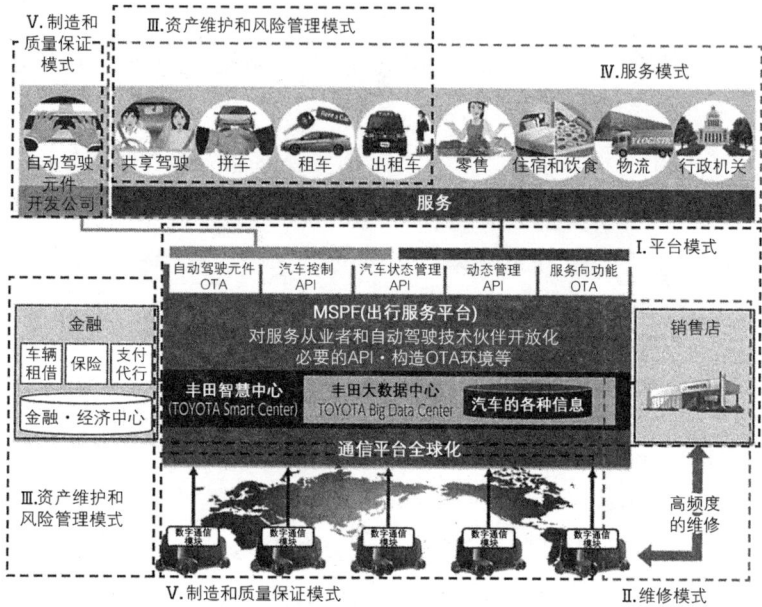

图 3-5　MaaS 的 5 个商业模式

资料来源：中西汽车产业研究所

车轮的出行服务平台。

和软银的意外合作

　　丰田和软银共同成立了以普及扩大 e-Palette 为目标的出行服务新公司"Monet Technologies"。这一轰动性的新闻发布于 2018 年 10 月。首先提出合作的是丰田，推进出行服务的丰田年轻员工提出在丰田和服务商之间需要实施出行服务的供给、企划、营业最优化的第三产业体。为了实现这一需求，丰田选中了和强劲物联网平台及共享驾驶公司等的服务商关系紧密的软银。

"什么？真的吗?"这是软银的 CEO 孙正义第一次听到丰田提出合作请求时的反应。就像孙表示惊讶一样，丰田和软银关于经营思想和出行的思考方式都不相同。就像是要掩饰"不同"一样，在合作发表的记者见面会上孙正义和丰田章男面带笑容互相连续称赞对方。

丰田和软银看似实现了历史性的合作，但站在破坏者的理论角度来看，推进出行商品化的软银，和想要留下"爱"的丰田在思考方式上有着很大的不同。双方最终同床异梦、结束合作的风险很大，孙正义和丰田之间的战略并不容易达成一致，直到双方看清世界形势才可能联合起来进行战斗。

对于软银来说，将丰田汽车放入 CASE 革命"群战略"的一部分，应该有正中下怀的感觉。另一方面，丰田即使是跳入敌阵，也要让未来的出行公司靠近现实，这是一部让人感受到丰田汽车制造商想要变成出行公司觉悟的合作戏剧。

第三节　袭击产业金字塔价值链的变革

汽车产业价值链的变化

此处再次解释一下汽车产业价值链的意思，是指在"采购→生产→物流→销售"这一连串的企业活动中创造的价值的连锁，在各个流程中会产生附加价值。其中价值链的中游的附加价值会减少，移动到上游和下游。因为和人微笑时的嘴巴很像，所以又称作"微笑曲线"。CASE 革命给汽车产业的价值链带来了巨大变革。

关于这个价值链的附加价值的变化，波士顿咨询集团(BCG)于 2018 年 1 月 11 日的公开资料中表示了汽车产业未来的方向（见图 3-6）。可以看到汽车产业的附加价值从 2017 年的 2 260 亿美元增加到 2035 年的 3 360 亿美元，将实现 1.5 倍的增长。据此分析，传统产业只是在原地踏步，所有的增长都是

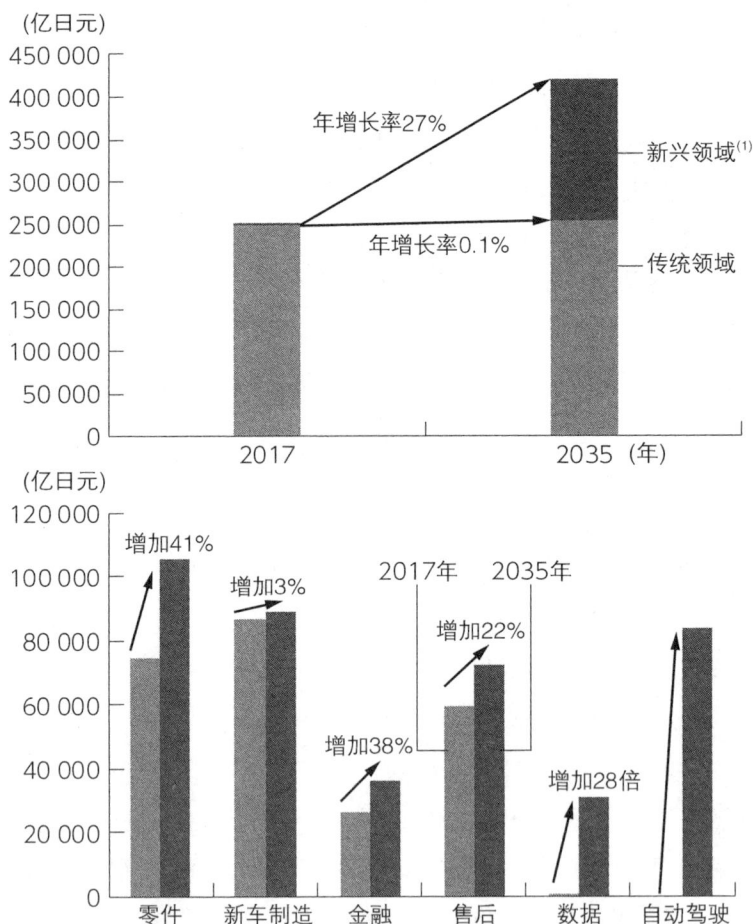

注：(1) 新兴领域包括 xEV、自动驾驶、互联、出行服务。汇率是 1 美元＝110 日元，作者进行日元换算。

图 3-6　波士顿咨询集团预测汽车产业的附加价值的变化

资料来源：波士顿咨询集团、各种二次资料、中西汽车产业研究所

受电动化和自动化零部件、出行服务和互联等新型产业的影响，呈现出年 27％ 的高速增长率。

正确预估汽车价值链的附加价值变化是一件极难的事情，但可以认为波士顿咨询集团指出的各流行趋势具有非常高的准确性。汽车产业并不是要空洞化，而是通过 CASE 革命，展现出可以进化为具备更高活力和发展潜力的出行产业的未来蓝图。

随着 CASE 革命的推进，如何增加中游的制造领域的附加价值是一个让人头疼的问题，加上上游和下游的高附加价值产生的微笑曲线，今后的新车销售台数也有很高的增长期待。但是可以预想到新车的制造销售的附加价值比率将会下降。

新车制造销售的附加价值比率降低

新车制造销售的附加价值比率降低的现象背后有三个原因。

第一，因为 CASE 车辆必需的传感器和电动化的硬件的需求增大、复杂的软件研发费用等，附加价值很有可能转移到一级和二级制造商。第二，出行服务车辆因为是从产业中持续地回收收益，所以卖断的收益低。并且，大量购车的是企业法人，制造商和销售经销代理商的谈判能力会衰减。第三，占据出行服务车辆大半的自动驾驶电动汽车，因为在高使用率下运转，电池性能会恶化，所以基本上无法指望二手车的残余价值。

基于以上理由，新车制造、经销商销售、二手车业务的各流程中，附加价值都是在消失的。必须认识到在出行即服务时代确立盈利的制造体系，对于汽车产业来说是最重要的课题。在出行即服务时代，汽车丧失残余价值，对于传统汽车制造商是巨大的威胁。汽车制造商现在的收益性大，利润构成是从新车制造获得 1/3，销售金融获得 1/3，单纯维修部件获得 1/3。汽车经销商的利润构成则是从新车销售获得 1/4，二手车获得 1/4，服务获得 1/2。如果出行服务的进入使残余价值无法回馈价值链，作为收益来源的销售金融和二手车的产业利润就会消失。

充电次数和充电方式的不同使电池性能的退化有很大的差异，因此电动汽车很难期待稳定的二手车价格。出行服务用途的电动汽车为提升使用效率需要反复快速充电，即使是数千万日元的新车，经过几年也会接近几乎没有残余价值的废铁状态。

这种将残余价值反馈给价值链，支撑制造业的收益的现有汽车制造商的收益构成在出行服务中是无法实现的。出行服务用途的电动汽车的硬件买卖，在电池的高成本和零残余值中可能陷入非常严峻的收益窘境，一不小心就会成为只靠卖硬件获取边际利润的买卖。

另一方面，价值链上游似乎有着巨大的潜力。预计新车生产台数会增加，附加价值流向高新技术，再加上互联、自动驾驶、电动化所必需的硬件，零部件数量会大幅增加，一辆出行服务车的平均单价，与私家车相比会是其几倍的高价。随着中游的汽车制造商的水平分工的推进，价值链上游的企业谈判能力也有可能增大。

将来汽车硬件和软件进行分离时，软件研发的主导权是由一级制造商守护，还是重新被汽车行业夺回，二者之间的战争引人深思。硬件领域中，附加价值会由一直以来金字塔上层的一级制造商守护，还是被电机行业的二级制造商夺取，也将会成为趣味十足的竞争。这个价值链上游的发展潜力将会在第八章详细分析，将出现令人意外的结论。

汽车制造商的五个产业发展方向

汽车制造商向出行企业的转型说起来容易，但也伴随着巨大的资金需求和风险。汽车厂商不能仅停留在出行服务平台上，还要建立包括服务商、软件开发商等在内的可以获取收益机会的产业体系。

整理后，笔者认为汽车制造商有五个产业发展方向。

（1）利基战略（Niche Strategy）：向特级和高端车领域的专门化。

（2）制造差别化：向制造和成本竞争力的专门化。

（3）软件的集成（整合者）：研发提供出行服务的系统，提供安全和功能的品质保证。

（4）出行服务平台商：提供出行服务的平台，支配汽车大数据，和各种服务商关联。

（5）出行服务商：持有车辆资产，管理风险并自己提供服务。

汽车制造商自身持有汽车资产，直接提供给客户服务的案例是 GM Cruise。汽车制造商本身拥有投资车辆资产及管理其资产的技术知识和财务能力，GM Cruise 通过和软银的合作构筑了持续的财务基础，毫无疑问地得到了市场很高的评价。

汽车制造商是否要以出行服务为目标，不同公司的想法有很大的区别。迄今为止，通用、福特、大众、宝马、日产汽车对机器人出租车的态度很积极，而戴姆勒、丰田、本田却持谨慎态度。丰田想利用 e-Palette 作为基础在商业服务上找到活路，但仍带有一些顾虑。因为如果成为运营机器人出租车的服务商，一步迈错，将毁掉和经销商的关系，也可能弱化私家车和客户的连接点。本田如果要参与，则会对物流和能源相关的服务更感兴趣。

但是始终站在保守立场的丰田、本田最终还是向机器人出租车发出战略性立场的转变。丰田在 2018 年给优步追加出资，选择成为机器人出租车研发的战略合作伙伴。现在虽然丰田没有自己成为服务商的想法，但希望通过这个技术发展成为像优步一样的共享驾驶公司，形成世界性的出租车产业。他们想借此获得可以与 GM Cruise 相抗衡的技术力、数据量以及最重要的规模优势。

本田在 2018 年 10 月表明将给 GM Cruise 出资 7 亿 5 000 万美元，成为拥有出资比率 5.7% 的战略合作伙伴。虽然本田的八乡隆弘社长说，这是"为了学习自动驾驶的小额出资"，但双方达成了一致意见，今后 12 年间投入的研发资金总额为 27 亿 5 000 万美元。本田接受了随后登场的自动驾驶技术，通用不仅确保了大额的汽车驾驶技术研发资金，也获得了本田在亚洲地区强大的帮助。

第四节　汽车经销商能否生存下来

变化的经销商的作用

本书后半部分会详细介绍包括供应商的制造领域的 CASE 应对，所以在这里先讨论 CASE 革命中承受最大影响的经销商。对于将现在的车辆保有作为前提的汽车产业，经销商的作用非常重大，最基本的作用是作为售卖点，更重要的作用是作为客户连接点，是服务和维修、二手车等提升客户满意度、产生品牌效益的源泉。

占据汽车制造商收益的汽车制造利润，如上文所述只有整体的 1/3。剩余利润由维修部件和销售金融产业产生。像这样的商业价值链是收益的根本,因此作为客户连接点的经销商显得极其重要。想在汽车产业上盈利,最基本的是首先"让经销商盈利"。

戴姆勒将全球的 6 000 家经销商网,定位为 CASE 时代的重要资产,但是戴姆勒偏向强化互联网销售,已经表明到 2025 年为止要在中国和德国实施近 25% 的线上新车销售计划。即使是这样,笔者也认为支持服务和维修,提供真实的客户连接点的经销商的重要性不会改变,即使在 CASE 时代也是重要的竞争力。未来经销商就是一边通过线上销售追求虚拟的革新性和便利性,一边将虚拟和现实连接。

如果推进汽车商业的数字化,数字化也将在私家车的销售领域推进,不难想象未来数字化将会入侵线上销售和服务活动。最近听说美国本田的线上销售比率好像上升了 10% 以上。

基本上 100% 的客户在网上购买新车会进入汽车官网的主页,去调查折扣率,比较商品。在线实施、在库确认、试乘预约、价格交涉、金融交涉、最终协议签署为止的一部分流程在线上完成的客户比率为 15% 左右,除签署协议以外全部在线上进行的客户比率大约是 7%。作为交货重点的经销商的定位虽然没有改变,但在购入流程中,每 10 个用户中仅有 1 个需要经销商在取车环节亲自出马。美国的普通消费者在购买新车时并不期望与经销商建立很深的关系,希望尽可能减少与经销商度过的时间,但是消费者购买后又会说"我是在这里买的,请提供好的服务",在修理和维护方面希望和经销商有密切关系。

作为服务点的经销商发挥着很大的作用,即使在 CASE 革命中也不会发生根本性的变化。在服务方面,经销商将会继续发挥其最重要的作用,即客户连接点。汽车产业最大的担忧是,将商业价值链提供给 IT 企业的开放交易市场是否会被第三方服务所夺取,如果是那样,就会给经销商的作用带来致命的打击。因此,推进互联和出行服务平台战略,开展包括经销商在内的互联服务在私家车的新车销售中会变得非常重要。

经销商业务未来的方向是什么

将现在的保有作为前提的商业价值流中,4S 销售店连接着客户和汽车制造商,零售经由经销商完成。随着私家车线上销售的广泛普及,减少经销商参与的销售形态渐渐成为主流,车辆数据集结在大数据中心,对汽车的修理信息进行数据分析。如果直接给客户反馈的互联服务得到普及,那么承担客户连接点和信息反馈的经销商的作用会面临很大的变化。

MaaS 的商业模式中,经销商的客户连接点的作用会发生巨大变化(见图 3 - 7)。经销商的客户中,面向服务商等企业法人的销售比率会上升。一级供应商和破坏者的抬头,不仅会形成和汽车制造商平起平坐的关系,如果以特斯拉的直销案例来看,不介入经销商,直接销售给客户的案例也会增加。

作为服务点的经销商可以提供的价值仍会被保留下来,但如果考虑普遍流行趋势,经销商的收益构成应该不可避免地会受到很大影响。在金融、保险、维修用品和二手车销售的价值链中,可以预想到面向私家车的附加价值会减少,可以期待的是和互联服务合作的领域将扩大。经销商最基本的任务是构建创造并维持粉丝,重视价值链的商业模式。

5 个 MaaS 商业模式中最受瞩目的是高度发展的维修商业,可以预见维修领域的高收益和高度成长。如果以 40% 的稼

现在的新车销售渠道

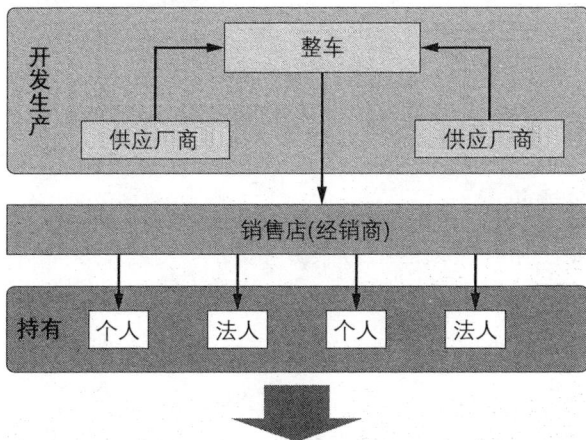

出行服务普及后的新车销售渠道

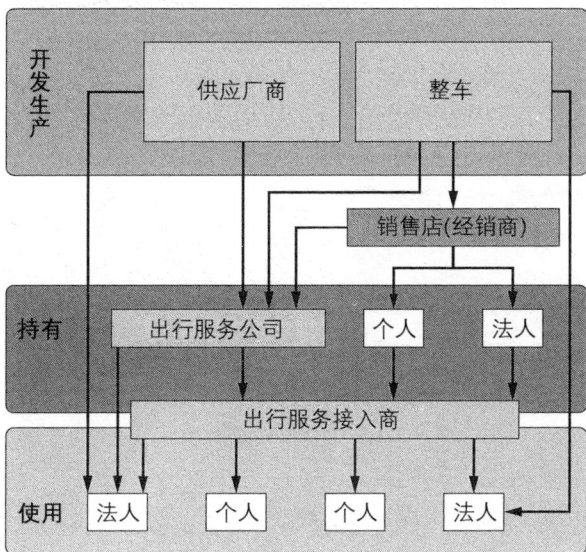

图 3-7 随着出行服务的扩大销售渠道的变化

资料来源：中西汽车产业研究所

动率作为前提，考虑车主不坐车的时间，未来可能会达到行驶总时间的 80％ 左右的高稼动率。也就是说，未来有可能成为一个不用开车，时间基本上花费在保养、点检的世界。当然，传感器的校准（适合调整）等将会需要配备高新技术。探讨汽车保有时间缩短化的 MaaS 车的循环商业时，将 MaaS 的中间商加入产业也是可能的。

在面向企业法人的出行服务中，必须构建能够联合这样高度发展的产业、以一站式形式完成快速管理的综合服务体制。因为 MaaS 的维修中需要很多的设备，推进店铺和车位的高效利用和整合，挖掘闲置土地开展出行服务业务的潜力，对于经销商来说将会创造出巨大的商机。

第四章
互　联

第一节　互联将成为万物的基础

丰田"The Connected Day"包含的想法

2018 年 6 月 26 日，丰田汽车举行了名为"The Connected Day"的新款皇冠、新款卡罗拉运动版汽车的发布会。2016 年丰田发表了到 2020 年要在日美所有轿车上搭载标配数字通信模块的"互联战略"，最终启动了这个战略。除社长丰田章男之外，副社长友山茂树举办了专注于丰田互联的访谈活动。

友山茂树担任丰田互联的社长，兼任最高信息安全负责人、GAZOO Racing 公司董事长、丰田生产方式本部长，是丰田章男的左膀右臂。如图 4-1 所示，丰田章男和友山茂树在讲述对互联的决心时，花了很多时间解释"GAZOO"被分割出来的历史原因。

很久以前，丰田章男在隶属于生产调查部的丰田生产模式（TPS）的总部担任系长时，年轻的友山是他的下属。其后，丰田章男被分配到销售部门，听说他曾面对仓库里堆积如山的积压汽车愕然失色。

"尽管制造流程中基于丰田生产模式通过削减 1 分 1 秒来

图 4 - 1 丰田汽车举办的活动[丰田章男社长(中间)和 友山茂树副社长(右)]

资料来源：丰田汽车

避免浪费，但汽车在销售店里还是会滞留好几天。"丰田章男说。

所以，丰田章男于 1996 年开始亲自担任业务改善支援室的科长，让友山担任系长，和其他十余人一起为宣传丰田生产模式的经营理念到销售店四处奔走，同甘共苦。

为了达到通过以旧换新的二手车促进车辆流通的目的，丰田章男希望构筑多个经销商共享二手车图像的系统。但是，当时是无法在这种事情上轻易拿到预算的。苦恼的丰田章男用自己的零用钱在秋叶原买了两台电脑和好几个通信部件，将其装到服务器里做成系统，用来发送车辆照片。这就是最初的"二手车图像系统"，成了后来的"GAZOO"，丰田互联就是在这里诞生的。

曾经将零花钱用在黎明时期的互联产业的丰田章男的身

影,和现在将"互联战略"作为全公司项目投入的丰田章男的身影仿佛重合了起来。丰田和友山两人认为互联是经营理念的根本,是丰田生产模式和客户连接点永久持续的重要战略。

丰田生产模式的基本理念是"准时化生产"(Just In Time, JIT),是通过把后工序的信息反馈给前工序,将必要的物品,在必要的时间内制造必要的数量的理念。后一道工序就是客户,客户连接点(经销商)是生命线,丰田生产模式通过将其信息反馈给前工序的销售、生产、研发环节来发挥作用。

在此理念的基础上,现在因为互联网的普及而受IT企业威胁的汽车制造商的处境毫无疑问非常危险。另一方面,如果可以很好地应对,就可以构筑有机连接客户和制造商、经销商、保险公司、维修保养行业者、金融公司等价值链的专属于汽车产业的基础,成为树立新竞争力的机会。这也意味着以互联网中客户连接点为基础,创造终极的服务、终极的商业形态可能成为现实。

互联为什么重要

"互联"和以往的"车载智能通信"有什么区别呢?

车载智能通信是通信技术和信息科学合并后的合成词,总称为"使用表面的移动通信的服务"。代表事例有1996年开始的交通信息提供服务"VICS"和自动收取费用系统"ETC"等的智能道路交通系统"ITS"(Intelligent Transport System)、汽车导航仪合作的检索功能,以及以行驶状况和行驶距离为基础决定保险金率的车载智能通信保险等。最近车载智能通信这一词都快退出历史舞台不再被使用,可能用"多媒体系统"这样的表达更容易被理解。

　　互联是指汽车作为物联网的终端连接网络，有机地将整个拓展平台网罗起来的概念。例如，使用空中下载技术的汽车固件的更新、自动驾驶车的远距离操作、通过和大数据连接的全新服务等的展开都包含在内。也就是说，互联是比车载智能通信更高一层的概念。

　　车载智能通信从 20 多年前就以普及作为目标，但除去智能道路交通系统和车载智能通信保险，即使是谦虚地说，也无法说移动通信服务一定会给汽车的客户体验提供崭新的核心价值。特别是通信速度缓慢是致命的弱点，并且声音识别系统无法让人满意地识别语言，它曾经是被评价"用不了"的商品。即使努力了20 年还是比不过收音机，就是指汽车产业主导的车载智能通信。

　　当今互联开始破壳，像应急通知系统、盗窃追踪服务、探测交通信息、预知信息服务等服务自不用说，远程维护、智慧钥匙和可以像人类一样用声音进行对话的声音识别以及助手功能也被加入平台。可以看出，4G 通信速度和声音识别有了长足的进步。

　　很多汽车上标配车载通信机器提供互联服务，通过无压的声音识别进行车内操作和导航的结合也很顺利地进展。并且，很多汽车也加入了苹果的"Car Play"和谷歌的"Android Auto"这两个平台，不论是谁，只要将自己常用的手机通过 USB 数据线与汽车连接，就可以在车载广播上和平时一样利用互联服务。

　　可以预想如果包含内藏标配通信机器的随时连接型，和 IT 企业提供的专用车载终端以及智能手机连接型，到 2030 年，日本、美国、欧洲、中国这 4 个主要地区就几乎可以实现所有车都是拥有连接网络功能的互联车。这样，汽车产业将产生划时代的新型网络。

　　目前全球约普及了 10 亿辆轿车，2030 年将会达到 13 亿辆,预测到2030年为止,连接网络的车辆数将达到10亿辆以上。这种连接不仅停留在和智能手机匹敌的数量规模,汽车的设计—采购—生产—流通—服务中广阔的价值链也会连接网络。如果包含交通的话,则从公共交通系统到社会基础设施将全部连接,毫无疑问这将会成为一个巨大的网络。

互联汽车产生的全新价值

这个巨大的网络会创造飞跃性的价值。基于累积的行驶数据产生的商业机会,将成为附加值的源泉。基于互联基础,可以预测自动驾驶技术和共享经济将茁壮成长。驾驶者也会从关注周边环境和驾驶中解放出来,可以有效地利用时间。

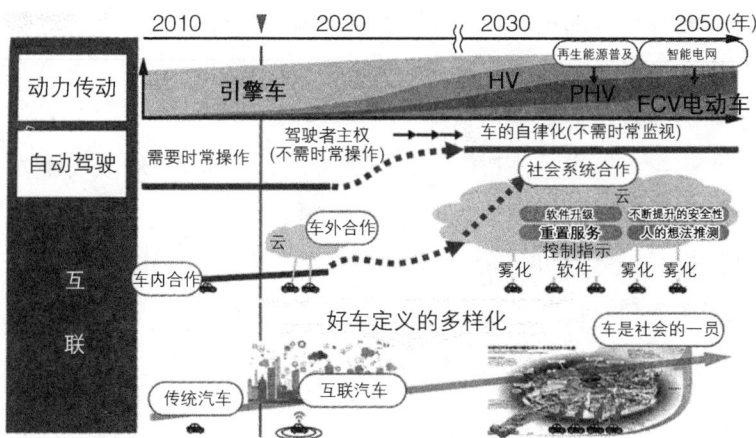

图4-2　丰田互联汽车的概念图

资料来源:丰田汽车、中西汽车产业研究所

活用驾驶共享,则可以自由地以低廉的成本移动到喜欢的地方,这对用户的益处不可估量。汽车的相关方式及利用方法也会发生很大变化，不仅是被私人拥有，汽车共享也会不断扩大。当驾驶共享及乘坐共享和自动驾驶技术融合时，就会成为被称作"机器人出租车"和"机器人巴士"的无人出行服务。

回顾一下第三章，汽车可以获得行驶和堵车时的行驶数据，经过大数据分析和利用，就可能创造出各种各样的出行服务。谁都可以自由移动的城市和社会将被再次设计，汽车作为社会基础设施，其价值和整个交通系统都会迎来巨大的变化。最终，汽车将成为社会的终端，基于人工智能的超智慧城市将被重新构筑，从而使社会问题的解决变为可能。而以上所有这些的基础都是互联。

在这样的世纪大油田中，以互联网公司四大巨头为代表的IT企业瞄准的东西前文已经提过。提前构筑强大的网络，在人工智能技术方面也领先的平台商们，如果拥有他们本身的数据收集能力和通过人工智能学习分析能力，就可以构筑引导汽车产业的具有魅力的生态系统。

第二章解说过，IT企业有两个战略性研究，他们以支配车载软件（车外领域）和车辆软件（车内领域）这两个重要的操作系统为目标，最终在自己的平台上形成完全连接汽车产业的网络，推进车辆和出行服务的商品化。他们意图让汽车制造商沦落成这些既存平台从属者的悲惨境地。

但是作为硬件的汽车和各种价值链的相关真实数据并不在IT企业手中，现在支配这些数据的是站在产业金字塔顶端的汽车制造商。汽车产业仍拥有防卫、反击的机会。之所以这么说，是因为我们不能把汽车产业看作单纯的制造业，他们拥有和客户直接的连接点以及广阔的流通销售网。汽车产业是持有庞大数量车辆的服务中间商，也是整个广阔价值链的统合者。汽车产业就是这样独一无二的特殊产业。

　　这样看，好像就不是 IT 企业和汽车制造商决定胜负的战争。未来更有可能的是，无限拓展车外领域和拥有内容的 IT 企业，以及作为传统价值链统合者的汽车制造商会一边竞争一边合作从而实现合作双赢。

　　如果这个设想成真的话，就会形成强劲且最快速的变革社会的力量，为此双方必须缔结"和平共处互不侵犯"的条约。汽车产业推进的互联战略的根本思想中，包含在这样的共生共存中实现汽车革命的内涵和再次将汽车推上成长性商品的轨道的期望。

第二节　开放还是封闭，这是一个问题

IT 企业的互联车战略

　　根据第二章理解的内容，在互联的世界里，存在两个游戏改变者。

　　第一个是 Car Play 和 Android Auto，即轻便的车载互联系统，其最大的魅力是先于苹果和谷歌构筑平台的人工智能技术和无限广阔的内容。

　　Car Play 和 Android Auto 与汽车的车载操作系统仅有部分的连接，可以收集的车辆数据也只有"头灯是否点亮""发动机是否开启"这几个简单的数据。汽车的车辆数据网的大门仍被紧紧封锁。

　　现阶段以提高客户便利性为目的的 Car Play、Android Auto 和汽车制造商形成了互惠互利关系。但是对于汽车产业来说，Car Play 和 Android Auto 也是长期的威胁。

互联网公司四大巨头构筑了以智能手机为核心，包含检索、地图、广告、目录等在内的广泛服务体制，已经构筑了持续产生超高收益的生态系统，并继续互联基础、人工智能、自动驾驶技术研发、声音助手、免费互联服务等今后必需的技术投资。自此以后，自动收集客户活动的数据会变得更容易。在这样巨大的生态系统中，汽车制造商能否真正长期对抗，其实是令人担忧的。

第二个游戏改变者是包含声音识别的人工智能助手。有苹果的 Siri、谷歌的谷歌助手、亚马逊的 Alexa（见图 4-3）等。随处可见的人工智能助手，促成了自然语言理解的技术革新，对于汽车来说是百年一遇的游戏改变者。

图 4-3　2019 年装备 Alexa 的丰田阿瓦隆汽车

资料来源：丰田汽车

曾经作为汽车接口的按钮和拨号盘如今逐渐变成了触摸屏操作，在那之后，声音识别也可能变成人和系统连接的更为舒适的接口。汽车制造商应该已经深刻理解,这些技术实现了过去在车载智能通信上未能实现的梦想。

谷歌、苹果、亚马逊准备将这两个游戏改变者作为车载互联机器的标准接口,如果将已经构筑好的巨大且有魅力的内容目录正式接入,他们作为汽车用户接口的地位就可以被确立。

对于汽车制造商来说,他们并不希望IT企业连接终端的接口成为实际的标准。IT企业即使一开始是用开放的姿态装作绅士,但等汽车厂商进入平台后,他们就会变成攻势凌厉的谈判者。如果其接口变成接入标准,那么以"为了用户"为借口对汽车制造商开出的条件会发生切实的改变。他们也有可能要求撬开控制系统传感器的网络开关,和汽车行驶系统传感信息更加紧密地连接。甚至不止于此,可能变成整个汽车控制的自动驾驶软件和车载通信机器都需要用安卓操作系统打开,到那时作为硬件的汽车就会沦为完全的商品。

汽车产业的封闭战略

也就是说,当谷歌、苹果和亚马逊的要求逐渐升级时,汽车产业必须有说"不"的对抗措施,在这里将其称为"汽车产业的封闭战略"。以这样的思考为基础,丰田和戴姆勒在用户接口方面尽可能地独自研究开发封闭的接口装置。

很多汽车制造商提出互联战略,将数据通信模块一样的车载通信机器作为标准装备,不收取通信费用,想要将用户拉入汽车制造商自己的互联平台。但是要以此建立商业模式却并不简单。

如果最初的几年通信费用不免费,让用户接受将是极难的事情。汽车制造商必须以免费模式作为起点,制作用户可以接受的内容目录和服务,确立每月收取固定费用的协议,最好制作出属于汽车制造商的独家目录。

例如，2018 年新型 A 级别奔驰导入的"MBUX"和丰田的新型皇冠导入的"T - Connect"平台，共同开发基于自然语言处理的声音输入技术。MBUX 采用了美国 Nuance 公司的声音识别技术，丰田则利用 LINE 的人工智能平台"Clova"进行可以和汽车对话的声音识别。

在声音识别方面，丰田在美国市场引进了 Alexa，获得了很高的好评，并且这有可能成为将来汽车的一个标准。笔者很好奇未来亚马逊的云技术能够支配汽车到哪种程度。

首先，Alexa 的声音数据可以上传到云平台，如果驾驶者所需的信息和汽车控制无关，例如，"Alexa，请启动我家里的电饭煲"等，就会在亚马逊平台里进行信息处理。

但如果驾驶者的意愿是关于车辆控制的信息，其数据就会回到亚马逊无法入侵的丰田独立的丰田智慧中心。如果说"Alexa，请设定对前面的车自动追踪"，则这个信息将在丰田智慧中心被处理，传给汽车通信，介入汽车控制的结构。Alexa 是出色的声音识别工具，虽然会和车外领域加深联系，但关于汽车控制并不是 Alexa 在做。

站在汽车制造商的立场来说，有两个一定要对外部供应商关闭的网关。第一个是支配连接的车载互联操作系统。这里指的是，控制自动驾驶的固件更新升级、交通数据、车辆数据、地图数据等，和车辆控制相关的重要数据的流通路径的操作系统。需要认识到，互联车载操作系统是汽车和车外部的世界连接的最重要的基础。

汽车制造商希望将车载互联操作系统按照汽车产业独有的标准操作系统确立，排除黑箱。Automotive Grade Linux(AGL)系统就是以开放平台 Linux 为基础,以汽车产业独立的标准化为目标建立的车载通信机器的操作系统。

　　这套标准操作系统由丰田、马自达主导,而铃木、本田、日产、福特、戴姆勒都参与制定。如果汽车制造商主导,能够制作出好用的标准操作系统,那么有可能参加的汽车制造商数量会进一步增加。AGL 中,亚马逊作为特殊会员参与其中,这暗示着汽车制造商与 IT 企业合作的可能性。

　　如图 4-4 所示,丰田的开放和封闭战略图中,位于车内领域和车外领域的接点,即连接汽车和车外通信并控制信息进出

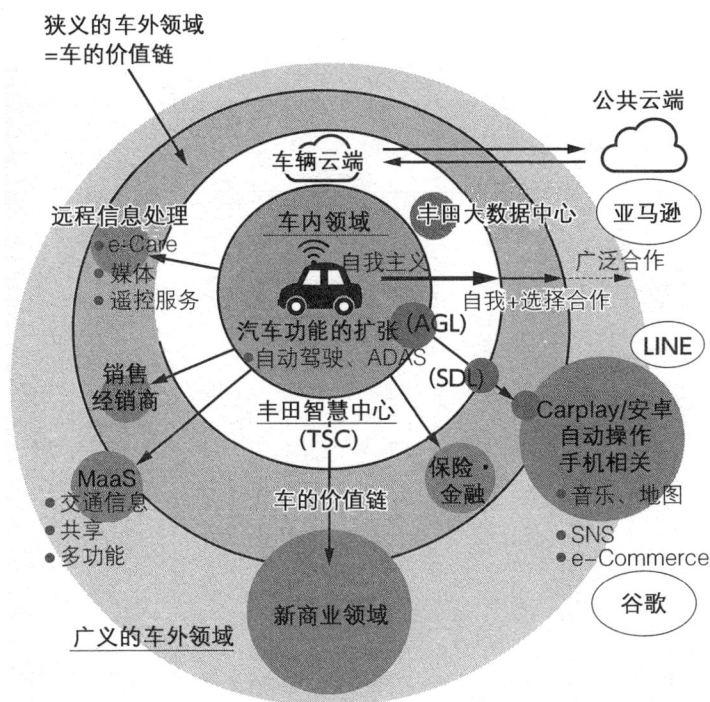

图 4-4　丰田的开放和封闭战略

资料来源:中西汽车产业研究所

的位置放置着网关。

第二个封闭战略，是在进行多媒体通信的智能手机的合作中，放置关闭互联的网关。Car Play 和 Android Auto 都是多媒体信息通信的车载操作系统，和汽车的控制信息没有关联。Car Play 和 Android Auto 的生态系统很有魅力，汽车厂商想要尽可能地拓展合作。但是这些操作系统是完全的黑箱，若将其变为现实，被多媒体系统掌握主导权是件很可怕的事情。

因此，在自己的车载操作系统和智能手机的合作中，汽车产业需要独立的封闭的互联技术，以 Linux 为基础的福特主导的开源式系统 Smart Device Link（SDL）就是其代表之一。参与 SDL 的有丰田汽车、马自达、铃木等汽车制造商。在图 4-4 中，可以看到 SDL 在白色圆周汽车城墙和外部的接点处。借此方法，避免了操作系统的黑箱化，能够积极地与 Car Play 和 Android Auto 进行合作，将它们的服务和便利性融入车内空间。

各公司对于多媒体系统的研究各不相同

但是汽车业界对于 SDL 的评价并不相同。SDL 使汽车制造商在操作系统中持有主导权，所以可以更好地维持封闭的环境。随着手机软件的极大扩张，将 Car Play 和 Android Auto 作为车载操作系统的一部分使用，对确立汽车厂商生态系统取得压倒性胜利是有利的。但是，过于依赖互联网公司四大巨头这类平台也孕育着危险。

日产汽车、三菱汽车、雷诺这三家公司，于 2018 年 9 月进行了一项惊人的研究，他们将搭载了安卓操作系统的下一代车载系统作为互联战略的基础。他们将共同研发包含地图信息的"谷歌地图"、包含数字目录的"谷歌应用商店"、声音识别人工智能助手"谷歌助手",整合这三种神器到下一代车载系统中,并预计于 2021 年开始发售搭载了同一系统的汽车。

三家同盟公司在 2017 年销售了 1 060 万辆汽车,是世界上最大的轿车联盟。截至 2020 年的"中期经营计划"中,他们有着将其销售规模提升到 1 400 万辆的野心。他们声称,将会构筑联盟、互联和云基础,给几乎所有车搭载互联技术并提供服务。虽然稍微落后于丰田和福特,但现在他们的战略渐渐具体化。通信和云基础的构筑需要很多费用,其货币化也不容易。日产-三菱-雷诺同盟意图统一其基础,他们十分想要在性价比方面处于竞争优势地位。

他们的想法应该是,将安卓操作系统基础的专用车载终端换为多媒体系统的连接基础,利用谷歌的高人气,尽早使同盟车辆互联化,并力图构筑生态系统。但是只使用安卓操作系统,很难想象如何管理有关车辆控制的所有互联信息。日产-三菱-雷诺同盟到底拥有着怎样的封闭战略,现阶段尚不明朗。

预计汽车互联方式的多样化还会持续一段时间,但是不管哪种方式都有可能共通化,进化为国际标准。也有可能车内存在多种人工智能助手,到底怎样融合,又会产生出怎样的优点,目前还看不出趋势。到那时,所有平台都封闭抱团是不可能的,但关闭网关,提前封锁来维持独立的互联车平台的关键技术有着重大意义。汽车制造商在连接开放的汽车空间的同时,必须确定抵抗 IT 企业的领域。

IT 企业和汽车制造商可以合作

车载自动诊断系统是指,分析电子控制单元收集的中心信息,给出异常和故障的判断的装置。车载自动诊断系统收集的汽车信息如果通过车载通信装置流出到外部，对于通过保养和维修保护客户接点的汽车供应链企业是种威胁。如果 IT 企业掌握汽车数据，就会搜集到许多真实的工业产品信息，并通过人工智能技术进行分析。虽然短期看来并不是什么大的威胁，但长期会有怎样的飞跃是不可预测的。

搜集系统中心信息的 IT 企业指定几个汽车修理的地方，将其信息在开放的交易市场公开，可能成为新的交易商业模式。将客户连接点转移到开放的交易市场，即使最初只是很小的破绽，也有可能会成为攻破作为整个价值链的集成者的汽车制造商的根据地的契机。

将商业价值链留在自己的互联基础上，保护客户连接点，是汽车制造商在互联网时代的重要课题。要将真实数据收入汽车制造商的互联服务，构筑有价值的服务，汽车制造商必须要创造出让互联车的所有者可以接受的具体的经济性好处，如提供月付的性能较低的车载智能通信损害保险、坏前告知的诊断系统、适当地提高残余价值的维修。

同时，通过接入互联网，增大与价值链成员直接连接的机会也是重要的课题。如果通过乘坐共享提升汽车的使用效率，则替代周期会缩短，保养和维修的经销商的收益机会将增大。

一般来说，IT 企业和汽车制造商往往被认为是敌对的关系。但是如果能明确定义汽车制造商应坚守的领域，并确保这个领域的封闭战略成立，IT 企业和汽车制造商就可以实现有益的合作，共同构筑具有高竞争力的平台。由此可以发挥改善社会的协调作用，因为如果可以构筑互联的基础，汽车制造商就会有竞争优势。

第三节　日、美、欧主要汽车制造商的战略

丰田的互联战略

希望大家回顾一下图 4-4 的丰田互联战略。中间是汽车的内部领域，在这里独立的车辆操作系统是基础。像前文所述的那样，车载通信设备以 AGL 的业界标准操作系统为基础。在图示的这辆车上，有独立的车载通信设备以及用户智能手机关联 Car Play 和 Android Auto 这两种连接方法。

在汽车连接智能手机后，SDL 将掌握主动权，操作系统的主导权和通向汽车外部领域的网关将会被关闭，车辆数据会通过车载通信设备传输到云上的丰田智慧中心和丰田大数据中心，出行服务平台为了创造出新的价值，将应用程序编程接口（API）提供给外部。图中白色的领域，起着保护丰田的堡垒作用。

车的外部领域可以整理为两个概念。狭义的车外部是指深色网表示的汽车价值链领域。广义的车外部是指无限大的物联网的扩展。丰田想直接独立连接的是狭义的汽车价值链领域。汽车价值链领域内的 4S 销售店和保险公司可以直接连接大数据中心，而当汽车与智能手机连接时，就要采用出行服务平台介入的形式。

将自己要守护的领域定义为价值链领域，领域内不给谷歌、苹果、亚马逊入侵的空隙，这就是丰田的封闭战略的基本逻辑。以行驶数据为基础开展的车联网保险、媒体系统、修理建议类服务，是以丰田自己的数据中心为基础展开的。

2016 年的互联战略说明会上，丰田解说了三个战略。

（1）所有车辆的互联化；

（2）推进大数据的活用，奉献客户和社会的同时，推进丰田自身的商业变革；

（3）和不同行业的 IT 企业合作，创造"新的出行服务"。

这意味着汽车将从单体的存在进化为"汽车＋云"的商品。使汽车从单纯的出行手段变化为作为物联网终端的社会移动装置，不单单停留在用户价值，而追求社会整体的价值，这正是互联战略的使命。

福特、吉姆·哈克特的挽回策略

与顶住股东压力、用反击实现飞跃的通用汽车的 CEO 巴拉形成鲜明对比的是福特的前 CEO 马克·菲尔兹。因为在日本再建马自达而获得很高知名度的菲尔兹，没有完全赶上自动驾驶的浪潮，2017 年 5 月他被福特解除了职务。从黑暗走向光明的转折点，是股东是否接受应对 CASE 革命。但是菲尔兹取消和谷歌微摩的合作交涉，谷歌微摩刚说完"随处都可以找到代替者"，就马上选择和菲亚特-克莱斯勒合作。最终菲尔兹没能挽回这个失误。

实际上，比起通用，福特最早进行了向出行服务企业的转型。福特很早搭载了与微软共同研发的连接系统"SYNC"，有望成为互联领域的先驱，也完成了以"Ford Pass"这一出行服务的多点集中商店为目标的智能手机软件。从收购自动驾驶研发的风投企业"Argo AI"和公共汽车驾驶共享风投企业 Chariot，到为发明 LiDAR（Light Detection and Ranging）的企业 Velodyne 和地图风投企业 Civil Maps 出资，福特一直对 CASE 进行投资。

但是菲尔兹在任 3 年期间福特股票估值下降了 37％,市场价值总额被特斯拉超越,最终福特放弃了菲尔兹。说起来向出行服务公司的转型虽然听上去好听,但投资回收是需要时间的。巴拉在传统制造业领域展示了应对 CASE 革命能够使收益增加的路线,因此获得了股东给予的好评。这方面菲尔兹就明显有所欠缺。

被选为继任 CEO 的是没有汽车产业经营经验的吉姆·哈克特。这个决断反映了这是一场豪赌,他们看似还在烦恼股票市场会有怎样的反应。

哈克特就任时已经 62 岁,比菲尔兹大 6 岁。他是因为重新建立了老牌家具制造商 Steel Case 而驰名的人物。他实行了 1.2 万人的大型裁员,将传统家具公司转型为给硅谷企业提议办公室环境解决方案的公司。他因将经营的力量和硅谷优秀人才相结合,所以被任职为福特的智能出行的负责人。

2017 年 10 月,哈克特就任后马上发表了新的经营方针,并在其中制定了互联战略。哈克特的方针是"为了更加智慧的世界,更加智慧的车辆",推进生产的物联化,着手利用 3D 打印和人工智能的设备管理和生产自动化,将营业利润率提升 8％以上。

(1) 到 2020 年为止将 13 种电动汽车投入市场。

(2) 到 2020 年为止削减 140 亿美元(约 15 400 亿日元)的成本。

(3) 停产大部分的轿车,将经营资源集中在混合型重车、小型卡车、两厢车。研发时间缩短两成,将用于轿车研发的 70 亿美元(约 7 700 亿日元)分给小型卡车和混合型重车。

（4）到 2019 年为止面向美国的所有新车和到 2020 年为止销向世界的汽车中 90％为互联车。

这是一项选择集中经营资源的大胆的政策，是通过削减成本提高早期收益的方针。看到这里，就会联想到因痴迷于 IT 产业而弱化了主营业务的雅克·纳塞尔。哈克特能否不重蹈覆辙，修正福特的轨道，未来的发展还不可知。虽然有报道称，福特和大众在合作摸索 CASE 领域的总括性技术，但尚有很多要素不明确，也许他们会提出更大胆的合作战略。

即使那样，2018 年哈克特在奠定基调的国际消费类电子产品展览会的压轴演讲中，提出用人工智能将各种机器进行物联化的"智慧城市"构想，提议以人为中心，重新审视城市设计和汽车的存在方式（见图 4－5）。这种破坏者一般的高屋建瓴的世界观，从传统汽车制造商的高层领导口中说出，让人感到这个行业的变化之迅速。同时，也显现出福特为了追赶潮流而焦虑不

图 4－5　主张向智慧城市转型的福特 CEO 吉姆·哈克特

资料来源：路透社联合报道

安的真实状态。

福特虽然比通用落后了 3 年,但准备在 2021 年启动机器人出租车事业。实际上,早在 2016 年的时候福特就领先其竞争对手,发表要在 2021 年量产第 4 级的高度自动驾驶车的计划,当时震惊了整个市场。但是不可否认实际上的产业化比起计划来延迟了很多。

2018 年 7 月,福特抽调硅谷研究据点的 400 名研发人员,设立了子公司福特自动驾驶汽车,和 Arigo AI 的 300 名研发人员联合推进研发。像 GM Cruise 和软银的合作一样,考虑接受外部企业的资本。为了弥补和 GM Cruise 及微摩的差距,福特计划到 2030 年总计向自动驾驶领域投入 40 亿美元(约 4 400 亿日元)。

大众的"一揽子计划＝为了未来的协定"

2018 年 4 月大众集团突然宣布要更换经营高层。马丁·文德恩因柴油车丑闻下台后,从 2015 年 9 月开始由马蒂亚斯·穆伦担任大众的 CEO。他在 2016 年发表了以公司再生为目标的"2025 战略",于 2017 年提出 Roadmap E 电动化战略,竭尽全力地开展了许多活动。尽管人事变动的混乱是大众的家传绝技,但可以看出他们失去了大股东保时捷、皮耶希家族和下萨克森州政府的信任。在任期还剩 2 年的时候,穆伦突然离职,原因不明。

穆伦的继任是原大众品牌 CEO 赫伯特·迪斯,他是在大众的丑闻被发现之前从宝马调到大众承担再建任务的新面孔,他在入社后马上推进了大众电动汽车战略。大众集团的经营阵营中有很多态度强硬的人,但迪斯是个个头矮小且温和易亲近的人。

但是他的外号是"成本杀手"，同时是冷酷且严格的经营者。迪斯是大众的大裁员的推进者。打着"一揽子计划（Zukunftspakt）＝为了未来的协定"的旗号，约定改善 25％的生产，实际上就是裁员计划，目标是到 2020 年，将大众集团的营业利润率提升 4％，到 2025 年提升 6％以上。

大众在德国裁员 2.3 万人（全球 3 万人），一年削减了 37 亿欧元（约 4 810 亿日元）的成本。说是削减 2.3 万人，但基本上是自然地慢慢减少，在德国的社会上高调宣布这种规模的裁员是需要勇气的。

这时，大众出现了救世主一般的成本削减人物，他也是来自大众外部，是 20 世纪 90 年代中期从通用旗下的 Opel 突然跳槽到大众的伊格纳西奥·洛佩斯，他给当时处于低谷的大众带来了采购改革。第二人是 21 世纪初从戴姆勒跳槽的沃尔夫冈·伯恩哈特。如果按照这样的态势，迪斯有可能重建大众。

晋升为集团 CEO 的迪斯着手组织大改革和企业的近代化。说到大众集团，就会想到旗下收购的多至 12 个品牌，但迪斯将其一下子转变为大众车、高端车、超高端车、商用车 4 个部门，其中商用业务"TRATON"是分离企业公开市场的计划。互联和汽车 IT 部门，是赫伯特·迪斯直接管辖的体制，以在出行、数据化、出行服务方面积累的实绩为基础，实现品牌的再生。

迪斯在 2018 年 8 月 24 日公开了"互联战略"（见图 4－6），大众成为继戴姆勒、丰田、福特之后，公开发表世界级别的互联战略的第四家公司。

战略大致分为四个部分。

（1）以名为"Volkswagen We"的服务平台为基础加速数字

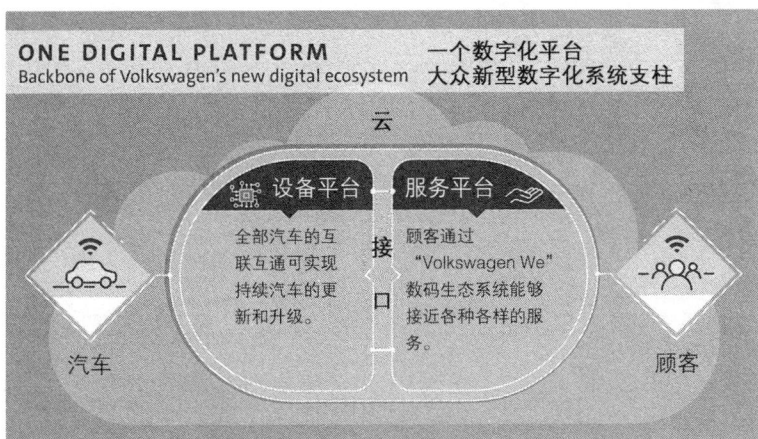

图 4-6 大众互联战略的概要

资料来源：大众、中西汽车产业研究所

化投资；

（2）面向数字化推进，到 2025 年为止投资 35 亿欧元（约 4 550 亿日元）；

（3）针对强化软件研发能力，考虑与其他公司合作或收购其他公司；

（4）通过完善的互联车阵容，完成从汽车制造商向出行服务中间商的变革。

2020 年以后，大众集团所有车种基本上都将成为互联车，加上搭载后置通信机器"Volkswagen Connect"，每年将会生产 500 万辆互联车。为了强化 Volkswagen We 的服务平台，大众考虑构筑"One Digital Platform"（ODP）的出行服务平台，使其成为连接各种服务、服务商的基础，这是和丰田的出行服务平台相似的云上数字平台。

在车辆方面，大众将于 2020 年开始导入电动汽车平台

"MEB"，将其定位为新的 IT 结构。现在的汽车是复杂的，很多都搭载了 70 个电子控制单元，但 MEB 构筑了只用几个电子控制单元就可以控制的电子平台。预测以此速度推进并不断克服困难的话，未来可能提供更加细致的用户体验和出行服务。

IT 结构将硬件和软件分离变为可能，是实施持续升级的基础。这种电子平台是 2030 年预想中非常重要的技术革新。大众提议，未来将所有手机软件和服务承载在一个名为"vw. OS"的汽车操作系统上，这是汽车结构进化的重要愿景。笔者将在第八章深入挖掘这个汽车的新型体系框架的结构和方向。

第五章
自动驾驶

第一节　应该理解的两个研究

不幸事故的背景

"可以自动驾驶了。"

2015 年 10 月 14 日，特斯拉的 CEO 埃隆·马斯克自豪地宣布了这一消息。特斯拉发布了 7.0 版本，将打着"自动驾驶模式"旗号的自动驾驶变为了现实。完成固件更新升级的 Model S 一夜间进化成为拥有自动驾驶功能的先进高端车。

Model S 通过连接网络更换车辆软件的空中下载技术，可以升级车辆软件，使其提升为可以自动驾驶的汽车。年轻富裕阶层对特斯拉的革新性产生共鸣，强烈支持这种新型价值观。

但是 Model S 在 2016 年 5 月的自动驾驶行驶中引发了死亡事故。在佛罗里达州高速公路的十字路口，从相反方向高速直行的 Model S，和准备左转而切换方向的大型拖车装货平台几乎垂直相撞。Model S 的车体从拖车的装货平台下通过时，其前挡风玻璃与拖车底部撞击，导致驾驶员不幸遇难。

为什么紧急刹车没有生效，原因很简单。对于横向驶出、左拐车（日本是右拐车）、相向车、木头、电线杆的冲撞，Model S 并没有在程序中设定通过紧急刹车回避，也没有装配实现这一功能的传感系统。这种电脑的问题解决的具体步骤称作"算法"。简单来说，并不是因为拖车反射光太晃眼，而是因为算法中并没有形成将其作为障碍物识别的规则。

不幸的是，驾驶者将时速设定为 74 英里（约 118 公里），可能是因为在看"哈利波特"电影的 DVD，本应在冲撞前 7 秒以上看到白色拖车，却没有发出回避行为。虽然很遗憾，但是这个事故的责任不在特斯拉，而在驾驶者。

"自动驾驶"这个词语的字面，容易让人抱有所有的驾驶操作都可以通过机器进行驾驶的印象。但 Model S 的实际情况是"辅助驾驶者"。驾驶者必须时刻监视，对驾驶结果负责。因此，美国国家公路交通安全管理局用特斯拉的自动驾驶模式没有缺陷这一结论结束了调查。

这之后特斯拉的"自动驾驶模式"也接连发生事故。如图 5-1 所示，2018 年 3 月加利福尼亚州，Model X 剧烈撞击到中央隔离带，汽车严重损毁，驾驶者不幸死亡。2018 年 1 月 22 日，一辆 Model S 猛烈撞到停在路边的消防车，幸运的是驾驶者除了腿和脖子扭伤外并无大碍。

"太奇怪了！每年 4 万以上的人在美国的交通事故中丧命却都没有被报道，一件特斯拉事故引发的扭伤事件却占据了报纸的一整个版面"，埃隆·马斯克在推特上抱怨。

高级驾驶辅助系统和自动驾驶的区别

关于自动驾驶级别，2016 年美国国家公路交通安全管理局采用美国标准化团体 SAE 制定的 5 个级别的定义后，SAE 级

**图 5‑1　特斯拉 Model X 在自动驾驶模式下撞上了中央隔离带，
造成了死亡事故**

资料来源：KTVU、AP、Afro（福克斯电视台）

别就成了世界实际标准（见图 5‑2）。

第 1 级是"驾驶者辅助"，可以实现前后方向的加速和刹车、左右方向的转向等操作，可以比较形象地理解为像斯巴鲁的元祖"Eyesight"系统一样的紧急刹车控制。

第 2 级是"部分自动驾驶"，前后方向和左右方向的操作都可以自动进行。日产汽车塞丽娜的"ProPILOT"就相当于这个级别。日产将 ProPILOT 定位为辅助驾驶者驾驶操作的系统，而不是自动驾驶系统。"安全驾驶的责任在驾驶者。"手册中明确记述着，这个不是自动驾驶。

第 3 级是"有条件的自动驾驶"，汽车可以前后左右自动驾驶，并且系统可以监控。但是系统无法应对时，驾驶者根据要求回归操作。这个回归操作称为"fallback"，在行驶中将驾驶的主导权回归驾驶者是要点。fallback 在技术上很难界定事故责任是在驾驶者还是系统，至今各国的法律还不充分，所以运用还有

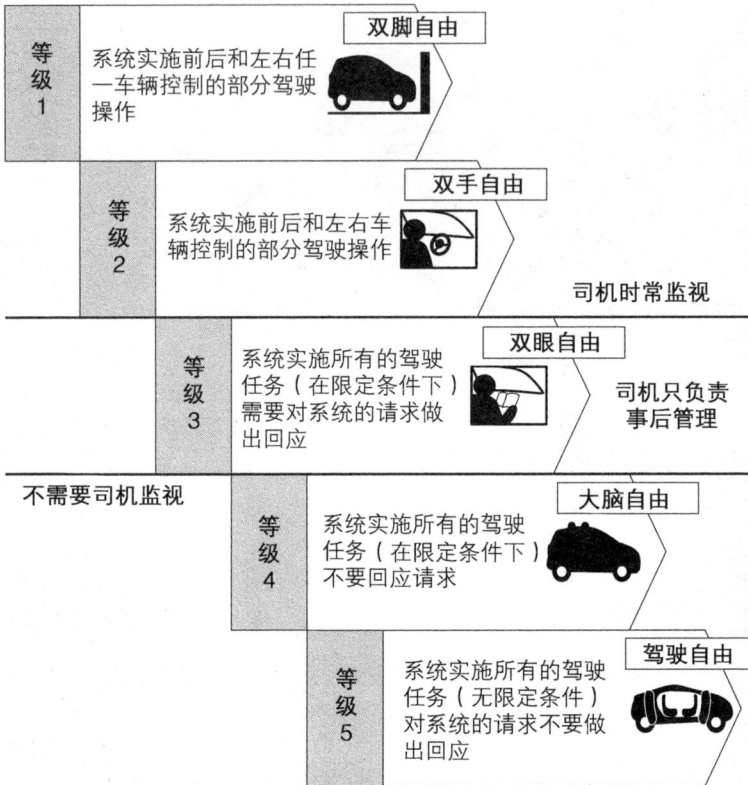

图 5‑2 自动化等级的分类

资料来源：各公司资料、国土交通省资料、中西汽车产业研究所

限定。

第 4 级是"高度自动驾驶"，汽车系统进行所有的驾驶操作、周边监视，当然，事故责任也归属于系统。但是在大雨侵袭等汽车无法应对的情况下，为了使风险降低至最小，车辆会停驶。关键是先让车辆停驶，再交给驾驶者或进行远程操作。

第 5 级是"完全自动驾驶"，是没有限制的完全自动驾驶。但是很难想象在遥远的未来第 5 级车在哪里都可以使用的情景。没有方向盘和制动的 GM Cruise AV 看上去是第 5 级的车，但实际是第 4 级的车，如果只看表面的话，其在技术上和第 2 级车并没有太大区别。至少在 2020 年前，第 2 级车和第 4 级车的技术差距都不会太大，不过是传感器数量和运用方法的不同，这才是正确的理解。

虽然没有明确的定义，但将等级 1～2 归类为高级驾驶辅助系统（Advanced Driver Assistance System，ADAS），等级 3～5 归类为自动驾驶的情况很多。等级 2～3 是同属于两边的模糊领域。重要的是由人参与的多少来进行区分。人和系统合作的同时，主导权属于人时就是高级驾驶辅助系统，系统拥有主导权就可以认为是自动驾驶。

对于减少事故的发生，高级驾驶辅助系统有存在的意义。像安全带、空气囊一样的在受到冲击后确保安全的装置被称作被动安全，高级驾驶辅助系统是防止冲击发生的主动安全。只需要 5 万日元到 20 万日元的选择费用，驾驶者和系统如果能互相配合，事故就会大幅减少。高级驾驶辅助系统是应该作为标配的技术。

安全是标准的配置，不需要专门付钱的意识在消费者的脑海中根深蒂固，这就是高级驾驶辅助系统普及的难处。但是如果听到是自动驾驶，消费者就可以感到"从驾驶中解放"这一具体的优点。即使支付高昂的金额也要配备高级驾驶辅助系统的意愿高涨。消费者这样的意识在日产的 ProPILOT 较高的装备率上可以体现。

出行服务和私家车在方法上的区别

在理解自动驾驶概念的过程中，明确出行服务和私家车在方法上的区别是很重要的。从自动化第 1 级迈向第 2 级的私家车和直接运用自动化第 4 级的出行服务业在商业模式上有很大区别。很多报道将这两个概念混同在一起，也成为误解自动驾驶的原因。

汽车制造商为了减少在私家车上发生的不幸事故，积极推进了高级驾驶辅助系统的采用。对新车安全性进行评价的新车评估项目（New Car Assessment Programme，NCAP）和其信息公示已经落实。因为新车评估项目的规章制度优先于相关法规，所以自主推进高级驾驶辅助系统的装备并遵守新车评估项目的规定，是提升品牌价值，赢取用户信任的重要对策。

通过推进新车评估项目的标准，汽车制造商在从自动化第 1 级进阶第 2 级的同时，也在着手提升汽车的安全性能。对于私家车来说，引入自动化第 4 级在技术级别和费用两方面都不现实。用比肩法拉利的价格把几个外形并不美观的巨大的传感装置安装在汽车天花板上，想必要购买这样的车、拥有这样奇怪趣味的人应该不怎么多，更别说使用场所也有限制。因此可以将驾驶者从驾驶任务暂时解放出来的自动化第 3 级才应该是汽车制造商现在挑战的领域。

另一方面，微摩和百度这样的 IT 企业追求的商业模式是出行服务，其自动化是从第 4 级开始的。用传感、数据、人工智能展示创造出的自动驾驶就是微摩的起源 Google X 中自动驾驶研究的本质。微摩的目标是将其技术实际运用在社会中。基于这种自动驾驶技术的汽车服务业隐藏着产业爆发性扩大的可能。

自动化第 4 级的技术如果可以在社会上应用，虽然也会伴随制约条件，但是即使驾驶者从汽车上下来，也可以提供相关服

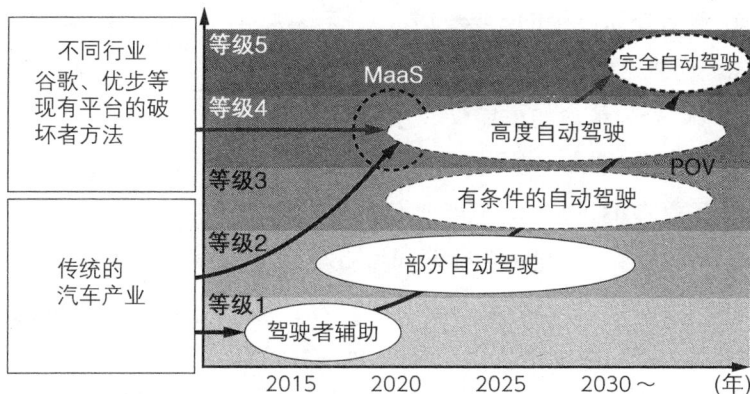

图 5-3 2 个接近自动驾驶技术的方法

资料来源：中西汽车产业研究所

务。自动化第 4 级需要高额的传感系统和高性能的半导体，即使这样也可以制作出比驾驶者的人工费更低廉的运行系统。这种商业模式将在 2019—2020 年问世。

自动化第 2 级的私家车和第 4 级的出行服务之间并不存在很大的技术差异，只是在社会实现中"运用"方法的差异。因此，虽然汽车制造商在 21 世纪初认识到自动驾驶技术的实现已近在咫尺，但并没有因此而惊慌失措。

必须改变这个认识的事件是通过智能手机带来的数字化社会的进化。智能手机的迅速普及，造成云基础戏剧般地准备好了，成本变得低廉。IT 技术的革新超乎想象，汽车的物联网化变为了现实。如果这样，就像前文所说的，汽车被网络终端化，由此产生的数据开始支配价值。那样描绘的时代正在以迅猛的速度袭来。

第二章中明确指出，IT 企业正在通过两项研究进攻汽车产业的基础。在车内领域，瞄准使用自动驾驶技术的车辆操作系统；在与外部连接的车外领域，入侵多媒体系统等车载操作系统。连接这两个已经构筑好的巨大的 IT 平台，IT 企业就可以掌握 CASE 革命的主导权。

汽车制造商对于汽车的这两个 IT 化产生了危机感，为了阻挡 IT 企业的进攻，汽车产业必须自己构筑 IT 平台。为此，有必要构筑自己的互联基础，这时，就会产生不仅要连接私家车，也需要连接出行服务车的必要性。为了实现自己成为出行服务平台的战略，必须进攻第 4 级的 MaaS 领域。

在这里应该认识到，即使微摩的自动驾驶车通过出行服务已经能够上路行驶，但也并不代表胜负已决。出行服务第 4 级的运用领域扩大还需要很长时间。同时，私家车的市场也在持续扩大。笔者认为 IT 企业和汽车制造商的战争才刚刚开始。

自动驾驶的构成和今后的课题

在这里，笔者想就自动驾驶的构成简单介绍一下。驾驶汽车的行为，由"认知""判断""行动"这 3 个流程形成。确认周围的状况是"认知"，制定汽车行动计划的是"判断"，使用加速器、制动等操作是"行动"。如果驾驶者是人，用眼睛看，用头脑思考，用手脚操作，以眼花缭乱的速度同时执行这些流程。自动驾驶系统是用传感系统代替"认知"，用半导体和软件（算法）代替"判断"，用自动操作的机器来代替人类"行动"的。

自动驾驶是各种技术的集大成者，是一个大规模的系统。关于这种系统有许多重要的技术理论，但最基本的技术是正确把握汽车在什么位置，周边情况是怎样的传感技术，如果不掌握这个技术，这些理论就无法成立。为了把握位置，自动驾驶使用了很多传感器,提升摄像头的级别,或者依靠地图信息和互联信息等手段,根据应用目的改变位置放置的比重。将重心放在传感上的是自主型,后者也可以表现为基础设施协调型。为了向私家车广泛普及自动化第3级、第4级的技术,需要扩充基础设施协调型的互联网和大数据基础。

另一方面,如果是限定用途的出行服务车,就可以让自主型更早进入普及期。它被称作富有传感器的自动驾驶车,但也需要如下图所示的 LiDAR、毫米波雷达、摄像机等传感终端。像机动战士高达一样全身包裹传感装置。通用的 Cruise AV 上装有 5 个 LiDAR、21 个毫米波雷达、16 个摄像机,构成了一部分失效时仍可以保持冗长性的系统。

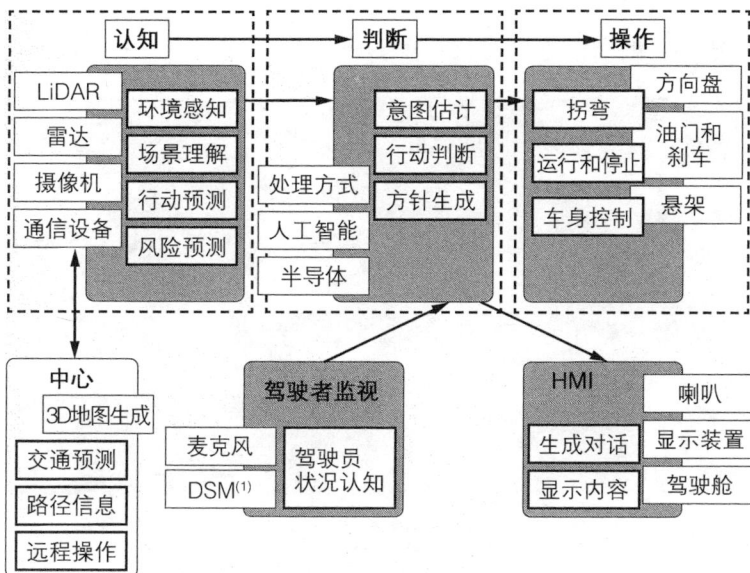

注:(1) DSM=驾驶者状态监视器(监视驾驶者状态的系统)。

图 5-4 自动驾驶系统概念和主要构成元件

资料来源:中西汽车产业研究所

自动驾驶车的天花板上有不停地旋转的大型传感器。这就是被称作 LiDAR 的红外线雷达扫描机，用三维模型计算到对象物的距离。现在搭载高级驾驶辅助系统的车都配备了 LiDAR 和毫米波雷达，但是 LiDAR 在自动驾驶中可以更加准确地检测出到对象物的距离和对象物之间的自由空间，这是不可缺少的。

削减 LiDAR 的成本是自动驾驶普及的关键。便宜的 LiDAR 可以在亚马逊上用 1 万日元左右轻松买到，但 GM Cruise 的测试车的车顶上搭载的 5 个 Velodyne 公司生产的高性能 LiDAR 每个要接近 2 万美元。为了将 LiDAR 小型化，降低其成本到 200～300 美元的竞争正在激烈地展开。高额的机械式 LiDAR 能否进化为 MEMS（微型电子机械系统）等最新的全固体 LiDAR 也是关键性问题。Luminar、Quanergy 等新兴企业也在继续推进产业化。

图 5-5　在 Cruise AV 测试车辆上装备了 5 颗车用光学雷达
资料来源：通用

虽然半导体性能持续着飞跃性的改善，但要扩大完全自动驾驶的普及，需要提高演算速度、消费电力的降低等新技术。近年,用被称作图形处理单元(GPU)的半导体和深度神经网络(DNN)深度学习算法的人工智能技术成为关键。在将于2020年开始运用的自动驾驶系统中,擅长该技术的美国的英伟达公司将会脱颖而出。

DNN是和人脑构造相同的进行深层学习的一种机械学习,为人工智能领域带来了飞跃性的进化。模式对接的性能显著提升,成为实现第4级自动化模型的重要契机。英伟达的Drive PX 2平台证实了通过深层神经学习行动计划算法的人工智能算法,正在急速提高学习能力。在人工智能领域中,丰田汽车出资的Preferred Networks的企业价值超过2 000亿日元,作为独角兽企业备受关注。

但是,目前还不清楚半导体的势力图长期会如何变化。电装设立了半导体研发和设计的新公司NSITEXE,研发新型处理器DFP(Data Flow Processor)。英伟达的未来会实现什么飞跃性的进步尚不可知。支撑面向2030年的自动驾驶技术的半导体技术现在也在日新月异地发展。

第二节 联合不同产业的世界

丰田集团的反击

关于自动驾驶软件的研发,进入2018年后,丰田和集团一级供应商电装、爱信精机三家公司一起在东京日本桥设立了负责先行研发的丰田研究院高级研发公司(以下简称"TRI-AD")。社长由丰田2016年在硅谷设立的丰田研究院的技术主查(相当于产品总工程师)詹姆斯·库夫纳担任。TRI-AD进行人工智能等的研究开发,在自动驾驶方面研发仿真技术等。

TRI‐AD 中融入丰田的东富士研究所的自动驾驶研发团队，电装负责传感器电子控制单元的硬件技术，爱信精机带入自动停车系统的技术诀窍。实行自动驾驶软件的先行研发由 TRI‐AD 汇总，传感器、电子控制单元的量产研发由电装公司分担的体制。和这个决定几乎同一时期，丰田决定到 2021 年将电子控制单元等电子部件和电动汽车的中枢部件变压器（执行升压等的电源回路）的研发制造从丰田完全转移到电装进行整合，所以硬件和软件的变压器的量产研发和生产都将由电装负责。

丰田的意图是通过向电装的集成生产，追求电子部件产业的规模效应，从而使丰田本身的经营资源向上游的汽车价值服务集中。丰田将包含出行服务的汽车整体企划的软件的先行研发分担给 TRI‐AD，将接收功能的软件和模块的量产研发与生产的功能分担给电装。TRI‐AD 的目标是，到 2020 年产出最初的成果，到 2022 年要实现商业层面的自动驾驶汽车的研发。

TRI‐AD 研发的这个最初的系统集结了英伟达的 GPU、瑞萨的 CPU、Preferred Networks 的图像识别技术、电装的电子控制单元和电子平台、爱信精机的自动停车算法等进行研发。

有人批评说，像这样的丰田系列集结的日本联合体具有孤岛效应。但是其他的汽车制造商和主要供应商也形成了复合不同产业的联合，开始研发大规模的自动驾驶系统。自动驾驶系统在"认知"方面，需要和用电机制造商强大的摄像机、传感器、高精度地图，"判断"方面需要有对半导体和人工智能公司的风险投资，"行动"方面要集结传统零部件公司，否则就无法完成特别大规模的系统研发。

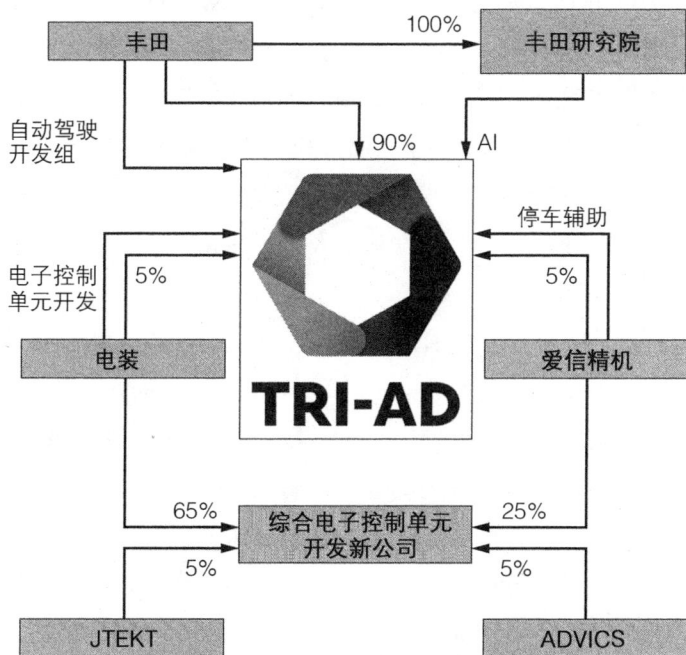

图 5-6　TRI-AD 的出资结构和作用

资料来源：各公司资料、中西汽车产业研究所

走向标准化的三大联盟

除去微摩，自动驾驶的系统研发大体开始出现三个阵营。阵营间的横向合作虽然大多并不严密，但可以预想以下三个阵营有很大概率拥有强大的存在感。戴姆勒-博世-英伟达联盟、宝马-大陆联盟加上丰田-电装-英伟达联盟（东芝和瑞萨也属于这里），这三个阵营从 2020 年开始到 2022 年，将以实现可以运用第 4 级的自动驾驶技术上市为目标。这一成果将应用于机器人出租车、机器人巴士、机器人配送车等出行服务领域，以及等级 2～3 的私家车的自动驾驶技术。

2017 年博世和英伟达就以 DRIVE PX Xavier 平台为基础开发面向自动驾驶汽车的人工智能电脑达成了一致意见。戴姆勒和博世以至 2020 年初将完全自动驾驶汽车导入市场为目标缔结研发业务合作关系，建立面向机器人出租车的系统研发和量产研发体制。2018 年 7 月戴姆勒和博世宣布，将采用英伟达的 DRIVE PEGASUS，研发基于人工智能技术的自动驾驶电子控制单元。

2016 年宝马、英特尔、Mobileye 这三家公司宣布，在自动驾驶汽车研发方面进行合作，到 2021 年的目标是量产完全自动驾驶汽车。之后，德国的大陆参与了这三家公司的合作，最终发展为包含了一级供应商在内的综合性联盟。英特尔用 150 亿美元收购 Mobileye 后，进一步强化了这一合作。

通用和 Aptiv 也和这三家公司有着强合作关系。通用旗下的 Delphi 是 Aptiv 的起源。Delphi 经营破产后，作为其新生的 Delphi Corporation 东山再起，将传统的动力集成产业与技术公司进行分离。之后通用收购了最有潜力的自动驾驶汽车公司 Nutonomy，公司名变更为 Aptiv。将电子部件、自动驾驶技术、机器人出租车变为产业领域后，公司开始了充满力量感的经营。

中国资本旗下的沃尔沃汽车和奥托立夫（分立后现在是 Veoneer）与研发高级驾驶辅助系统和自动驾驶软件的合资公司 Zenuity 在瑞典进行了联合，于 2017 年正式建立合作。汽车制造商和一级供应商通过合资公司的形态合作与 TRI‐AD 相类似。

因为强劲的对手在德国组成了团队，为与之对抗而在丰田组成团队也是自然的走向。丰田并不是想形成孤岛效应，而是

电装=英伟达(东芝/瑞萨)=丰田阵营

半导体 | TRI-AD | TRI | 配车服务

- 动态地图基础
- 电装
- 瑞萨
- Xilinx
- 丰田
- 整车
- 收购 → Grab
- Autolib
- 收购 → GM Cruise
- 博世=英伟达=戴姆勒阵营
- Tom-Tom
- 博世
- 英伟达
- 通用
- 特斯拉
- 收购 → Lift
- Here
- 奥迪
- 宝马
- 梅赛德斯
- 投资
- 仅3家 收购；253亿欧元
- 地图
- 大陆
- 英特尔
- 收购 → Altera
- Mobileye 收购
- 大陆=英特尔Mobileye=宝马阵营
- Infineon
- 福特
- 优步
- ACTIVE
- 沃尔沃
- 滴滴出行
- MAGNA
- 日产
- Easy Ride
- 一级供应商
- 百度
- 苹果
- NASA
- 谷歌微摩
- DeNA
- 本田 FCA
- IT企业　FCA：菲亚特·克莱斯勒

—— 战略的合作
→ 收购/投资

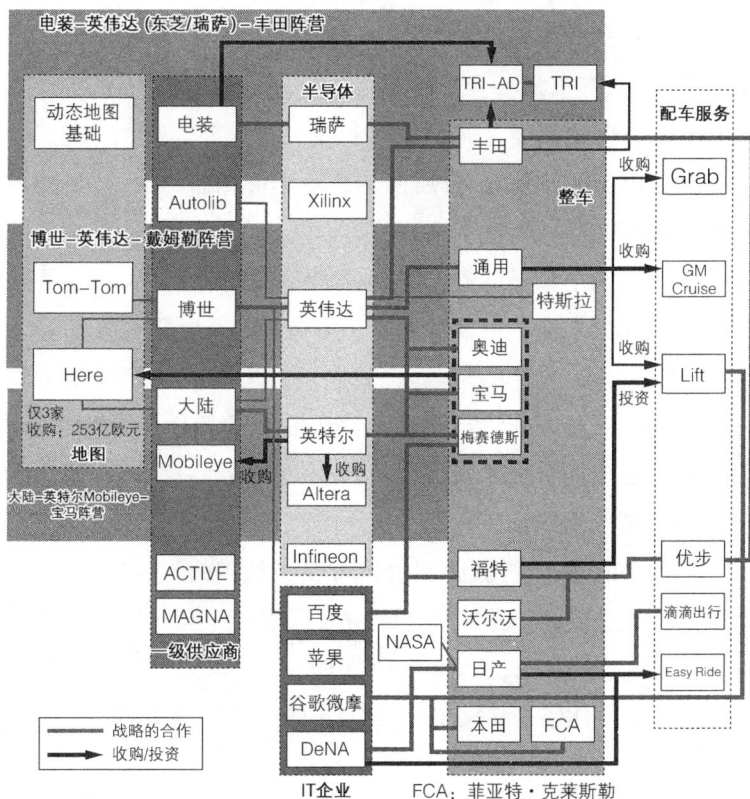

图5-7　自动驾驶系统研发的三大联盟

资料来源：中西汽车产业研究所

想创造出更好的系统,成为将来世界标准的一部分。丰田有1 600万台规模的伙伴平台,这就是其自身强大的竞争力。

自动驾驶的技术性竞争力

经常听到这样的担忧:反复进行实证试验的微摩和优步遥遥领先,汽车产业在自动驾驶技术上处于劣势。但果然"做饼还是要在饼屋"（姜还是老的辣）。拥有量产车这一既存基础，就是汽车产业在自动驾驶技术竞争中的优势。因为只靠人工智能和半导体的话，汽车是不会行驶的。

自动驾驶车需要认知、判断、行动三个流程的合作。为此，传感器与电子控制单元等硬件、传感器和传感器的融合，硬件和软件、软件和软件联合的复杂的研发和量产技术是必要的。即使不像功能安全和高度安全一样进行单纯的表面化，但也是提升安心感和可靠性不可缺少的非功能条件。在整理这样的复杂构造，进行设计、量产的阶段，拥有制造能力的汽车产业就可以发挥其强项。微摩和优步必须和汽车制造商合作制造汽车，因为破坏者虽然拥有强认知、强判断等限定领域的竞争力，但是可以整合控制以上三个流程的一定还是汽车产业。

限制功能，限定行驶区域的出行服务领域的汽车，作为自动驾驶系统的总控键，提供订单委托来制造基础车辆的时代将会到来。但是这样的形态的汽车生产、销售从整体来看是小规模的。生产活动的主体还是私家车，在私家车的生产中汽车制造商将一枝独秀。

但是微摩在人工智能技术方面逐渐领先的可能性也很高。微摩在产业化上领先，通过整理高精度地图数据，可以先行扩大反复进行自动驾驶试验的已知地区，这一点还是有利的。数据的积累和分析学习产生协同效果，将会提升自动驾驶技术。可以参考的是加利福尼亚州展示的实证试验的实绩报告：基于州政府条例，加利福尼亚州有报告实证试验数据、事故关联数据、自动驾驶模式解除数据的义务，并公布了报告内容。

图 5-8 和图 5-9 展示了从 2015 年到 2017 年累计三年间

的公路试验的总行驶距离和每次自动驾驶模式解除的平均行驶距离。自动驾驶车公路试验的行驶距离中，微摩达到了 135 万英里（约 216 公里），是第二名通用（GM Cruise）14 万英里（约 22 万公里）的近 10 倍。

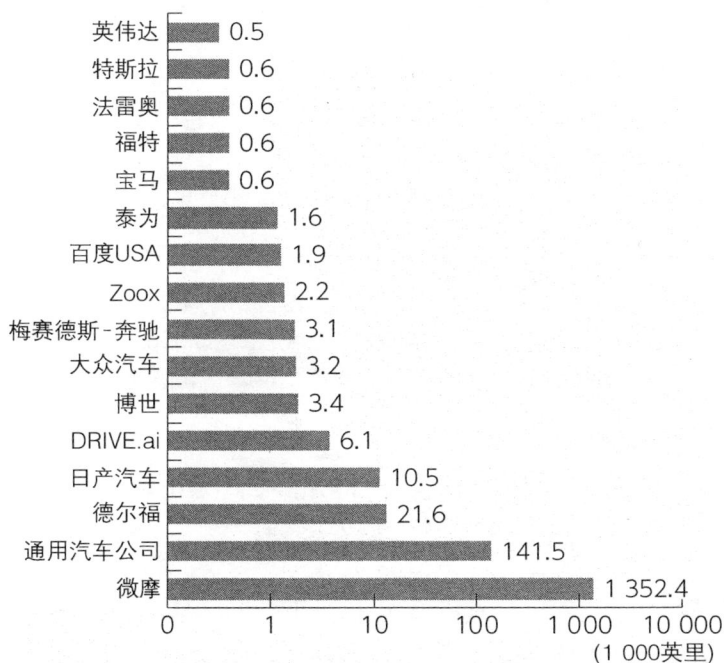

英伟达　0.5
特斯拉　0.6
法雷奥　0.6
福特　0.6
宝马　0.6
泰为　1.6
百度USA　1.9
Zoox　2.2
梅赛德斯-奔驰　3.1
大众汽车　3.2
博世　3.4
DRIVE.ai　6.1
日产汽车　10.5
德尔福　21.6
通用汽车公司　141.5
微摩　1 352.4

0　1　10　100　1 000　10 000
（1 000英里）

图 5-8　在加利福尼亚州自动驾驶实证试验中的行驶距离（累计 2015—2017 年）

资料来源：加利福尼亚州交通局、中西汽车产业研究所

丰田汽车为了在 2016 年的巴黎车展上实现完全自动驾驶，分析了包含模拟行驶在内共 88 亿英里（约 142 亿公里）的行驶试验，但微摩已经于 2018 年 5 月向超越这个基准折返点的 50 亿英里前进。丰田如果一天实施 300 万英里的模拟测试，快的

博世 1
梅赛德斯-奔驰 1
法雷奥 3
特斯拉 3
英伟达 5
泰为 30
德尔福 32
百度USA 45
DRIVE.ai 66
大众汽车 67
日产汽车 69
Zoox 160
福特 197
通用汽车公司 495
宝马 638
微摩 3 138

1　　　　10　　　　100　　　1 000　　10 000
(英里)

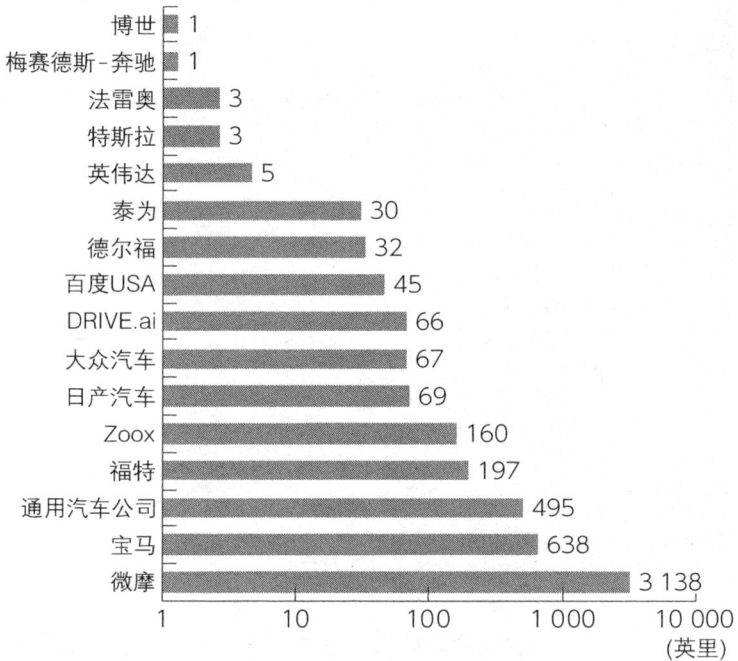

图 5‑9　每次自动驾驶模式解除的平均行驶距离 (累计 2015—2017 年)

资料来源：加利福尼亚州交通局、中西汽车产业研究所

话也许可以在 3 年左右达到 88 亿英里。但这只是模拟，对于提升实际行驶试验的经验还需要相当长的时间。

自动驾驶模式解除的次数是指，自动驾驶中驾驶者座位上"安全驾驶者"切换到手动驾驶的次数，用自动驾驶模式解除次数除以自动驾驶实证试验的总行驶距离，可以求出每次自动驾驶模式解除的平均行驶距离。在这里，微摩也取得了遥遥领先的成绩。驾驶条件和模式解除的条件在各公司不一样，所以并不能完全正确严密地展示自动驾驶技术的水准差距，但是可以作为一个参考数据。

第三节　如何才算足够安全？——社会包容性的课题

特斯拉和丰田对安全的不同认识

埃隆·马斯克在推特上发文，"自动驾驶模式虽然实际上减少了事故，但很奇怪的是大家仍关注极少数的事故"，这如实地展现了 IT 企业和汽车制造商对安全的不同思考方式。特斯拉的主页上展示了在 2016 年 7 月，马斯克发表的"Master Plan Part2"。其中特斯拉积极导入自动驾驶技术的理由记述如下。

"这里我将对为什么特斯拉现在不再等待，开始进行部分自动驾驶进行说明。最重要的原因是，在正确使用的情况下，它比人类驾驶安全性更高。因此，如若由于媒体单一论调和担心法律上的责任而推迟发布，我认为在道德上是无法被原谅的。"

顺便提一下，这是 2016 年 5 月 Model S 引发死亡事故后马斯克提出的观点。他认为，特斯拉目前的完全自动驾驶的安全性，是一般人驾驶时的 2 倍以上。

另外，"完全自动驾驶"的概念中提出了完全自动驾驶比手动驾驶安全 10 倍的观点。那么，是以什么样的标准来确定 2 倍以上的安全呢？说实话，不太清楚。但所谓的马斯克言下的完全自动驾驶的安全性，是以人类的手动挡汽车驾驶事故率为基础相比较得出的结论。马斯克表示，他正努力普及减少事故是社会安全乃至社会正义这一主张，要是安全性达到了 10 倍，自动驾驶技术就是接近完成的。

丰田汽车 2017 年发布了自动驾驶白皮书，表达了丰田公司的自动驾驶技术的发展途径和安全意识。丰田表示未来车载系统具备代替司机驾驶汽车的能力的时代将会到来，但也强调了可以使汽车和司机协力提高安全性的"流动性队友概念"的重要性。

"我们认为自动驾驶技术可能会使汽车和人的关系更加紧密。那么更具体地说，人与汽车的关系是什么呢？从安全性来说，驾驶技术有个人差异，即使是同一个人，随着年龄和经验的增长，驾驶技术也会变得熟练或蹩脚。每天的健康状态、疲劳程度或者心情也会对驾驶技术产生影响。丰田自动驾驶技术的目标是让汽车检测出这些个人状态的变化，以此来实现安全驾驶。"

也就是说，如果车载系统和人类司机组成一个团队，那么驾驶安全性能将进一步得到保障，对社会的贡献也将进一步扩大。

自动驾驶社会的课题

很多人认为，汽车企业和 IT 企业应对"安全"的方法不同。特斯拉和微摩都强烈认为，事故减少就是社会正义，技术比人类驾驶安全，汽车事故的 90% 以上都是由人为失误引起的，而与人工智能和先进的系统相关联的自动驾驶技术一定可以减少人为失误引发的事故。

但现在应该考虑的是，之前从未发生过的系统掌握主导权而引发事故的风险。就像特斯拉和优步造成的死亡事故一样，我们还不知道因为系统的介入而引发的事故，会怎么发生以及会以怎样的频率发生。在机器致人死亡的问题上，社会的包容程度有多少，我们也还没有达成共识。

本书认为，以目前的技术来看，要制造出绝对安全不会引发事故的第 4 级汽车是非常困难的。如果有人反驳"能行"，那就是将定义和运营条件不同的争议混为一谈的结果。重要的不是"能行、不能行"的争论，而是如何提高社会对机器引发事故的社会性共识。

美国汽车协会(AAA)2018 年 4 月进行的调查结果显示，对于汽车制造商和 IT 企业正在研发的第 4 级先进自动驾驶汽车,37％的美国司机都表示"害怕,坐不了"。在 2017 年底的调查中有 63％的人表示对先进自动驾驶车的不信任感在短时间内大幅增加。这可能是因为在美国包括优步的死亡事故在内,接连发生了几起无人驾驶汽车的事故。"如何才算足够安全呢?"(How Safe is Safe Enough?)是一个非常重要的讨论。

自动驾驶汽车的质量认证制度

为了普及自动驾驶,不仅要提高技术水准,还要强化安保,解决赔偿责任等社会问题,还需要解决伦理问题等很多课题。媒体虽然都对如今进入了完全自动驾驶时代进行了大量的报道,但是普及方面的问题却堆积如山。

对于自动驾驶技术来说,诸如通过空中下载技术进行软件更新等与汽车相关的互联技术非常重要,提高网络安全是今后的课题。网络恐怖袭击导致自动驾驶车辆被劫持,其后果将会极其严重。如果连美国国防部都无法避免网络恐怖袭击的危险,就不会有黑客无法袭击的世界。为了不让汽车成为被攻击的对象,需要日益提高安保对策。

社会问题上有如何应对完全自动驾驶和手动驾驶产生的新的交通问题,还有事故的赔偿责任问题。伦理上的问题有被称为"火车问题"的课题。当一辆火车行驶在轨道上而无法停止时,是让火车驶向前方撞向正在工作的 5 个人,还是按下变道按钮后牺牲另一条轨道上正在工作的 1 个人,选择哪个比较好呢?这是个值得深思的问题。如果是自动驾驶,乘客和行人的生命应当优先选择哪一个？如果要使自动驾驶技术应用于真实社会，就要寻找这些课题的答案。

设计出绝对不会发生事故的汽车是不可能的，那用什么来定义它是安全的呢？社会必须在自动驾驶中发生什么样的事故才能得到原谅这一问题上达成共识。自动驾驶汽车需要得到权威人士的安全保证，即所谓的标准。

目前，建立关于自动驾驶汽车的质量认证制度成为非常紧迫的话题。这是一种将事故分析与将来安全性能的提高联系起来，完全制造商责任有限的认证制度。是一套即使在操作过程中，也需要将由于维修故障而发生的事故防患于未然的维护标准。如果这一标准明确，即使不是 100%，也可以使完全自动驾驶车辆运营的地区逐步扩大。

自动驾驶技术的标准化工作才刚刚开始，要制定世界范围的通用标准需要一定的时间。各国的应对也显得十分慌乱。欧洲由德国经济能源部创办了"飞马研究项目"（Pegasus Research Project，见表 5-1），是由奥迪、宝马、戴姆勒等 3 家德国公司和 17 个工业、学术和政府组织参与的项目，致力于定义自动驾驶的安全性评估。当然，这是为了实现安全认证项目，使德国在自动驾驶领域上拥有主导权。

另外，美国 2017 年 10 月在众议院通过了美国联邦法《关于确保车辆进化的生命安全及未来引进以及调查的法律》。关于自动驾驶车辆的规章制度，美国各州虽然都在独自推进法制化进程，但作为美国统一的规则，有讨论联邦法的必要性。关于安全性标准，运输长官决定的安全性评估最终规则，将在实行该法律后的两年内生效。

若证明了自动驾驶的安全性，即使汽车不符合联邦安全标

表 5 - 1　德国飞马研究项目的概要

2016 年由德国经济能源部设立的由 17 个工业、学术、政府组织参与的项目。
- 以定义安全性的评价框架为目的。
- 通过实现安全认证流程,德国希望在自动驾驶领域掌握主导权。

〈项目概要〉
- 时间：2016 年 1 月—2019 年 6 月
- 合作伙伴：汽车制造商(奥迪、宝马、戴姆勒等)、一级供应商、研究机构、中小企业、科学机构等(17 个团体)
- 预算：3 450 万欧元

〈项目的目的〉
- 自动驾驶汽车的性能被期待到什么程度?
- 如何确认所要求的性能的完成?
- 定义自动驾驶系统的测试和试验的标准化步骤。
- 研发保护自动驾驶系统。
- 研发过程初期阶段测试条件的统一。

资料来源：https://www.pegasusprojekt.de/en/home、日本内阁官房 IT 综合战略室资料

准,也可以在路上测试多达 25 000 辆汽车,并以自动驾驶时代为方向重新审视《联邦汽车安全标准》。

中国没有国际条约的束缚,自动驾驶的运营条件可能会比较宽松。公路实证试验从 2018 年开始仅在北京和上海实行到现在哪个城市都可以实行了。迄今为止,原本仅限于国有公司的公路实证试验,也已经扩展到外国制造商。2018 年 7 月,戴姆勒自动驾驶车的公路实证试验也在中国开始了。

第六章
共享和服务

第一节　共享经济提供的价值

汽车产业的共享浪潮

　　"共享经济"的概念虽然包括广泛的经济行为,但本书的定义是将利用网络信息共享个人及企业拥有的资产作为服务,从而获取收益。不仅限于经济上的优点,还可以与人、与文化进行交流,减少环境负担。这是从通过智能手机轻易就能连接到网络而联想到的,正在迅速扩大的一种活动。以普华永道的调查为基础,共享经济产业 2013 年的市场规模为 150 亿美元(约16 500 亿日元),到 2025 年将扩大至 3 350 亿美元(约 368 500亿日元)。

　　汽车产业也从很久以前就存在着共享经济,具有代表性的是美国的 Car pool、欧洲的 BlaBlaCar、日本的 NOTTECO。Car pool 以通勤为目的,多人共享同一辆车,汽车行驶在多人专用车道(HOV 车道)上,可以节省时间和燃料费。BlaBlaCar 是在公共交通工具罢工停运时期产生的,通过共享汽车在城市之间移动的现代版顺风车,目前风靡欧洲。

　　随着汽车变为物联网终端,汽车共享和乘坐共享(以下称为

"共享乘车")两种"共享经济"正涌向汽车产业。

该服务通过智能手机信息平台大大提高了便利性,进入了广泛普及的时代,并融合了共享乘车与自动驾驶技术,开始发展成为一种名为"机器人出租车"的无人驾驶出行服务。安全性和认可度虽仍有许多问题,但机器人出租车业务预计将在未来十年呈现指数级增长。

汽车共享和共享乘车之间的区别

汽车共享是一种将商业运营商拥有的车辆借给会员的机制,这也意味着"共享车辆"。日本的 Times 24,欧洲戴姆勒的 Car2go 都是其代表。现在有两种类型的汽车共享:以原始位置(车站)往返为前提的"车站型",以及可以单程下车的"自由浮动型"。在日本,因为街道上的停车位受到限制,所以以车站型为主,但在欧洲自由浮动型占大多数。

共享乘车是有司机的车允许使用者同乘的一项服务。共享乘车可分为非商业共享乘车和商业共享乘车(即车辆分配服务)。非商业共享乘车共享包括 Car pool 和 BlaBlaCar。虽然油费之类的移动成本可以减半,但也会限定司机基本上不能以赚钱为目的。

结合自动驾驶技术,商业共享乘车被认为在不久的将来会演变为机器人出租车,并形成一个大型的出行服务市场。典型的运营商是优步和来福车,利用智能手机应用程序,在商业平台上以营利为目的匹配司机和乘客。

这项业务通常被称为"招车"(即车辆派遣服务),区别于非营利目的共享乘车,但在日本,它通常被称为共享乘车。2010年,优步以营利为目的创建了一个商业乘车共享平台,一些私人司机将其私家车作为"白色 TAKU"来进行派遣服务。

加利福尼亚州政府对此表示担心，并于 2013 年开始以一种名为 TNC(交通运输网络公司)的新业务形式管理它们，并实施了诸如保险范围，驾驶者身份识别和车辆检查等法规。该法规是为了进行合法派遣服务而设立的。TNC 一词在美国很常见，但在日本没有理由将其描述为 TNC。因为它已经被广泛推广，本书将把营利性共享乘车称为"派遣服务型共享乘车"或简称为"共享乘车"。但是，本就应该将非营利性共享单独考虑。

本书的读者们，也有不少人曾使用过派遣服务型共享乘车吧。由于它已被许多媒体报道，笔者就不再详细解释了。如果因为出差等原因需要抵达旧金山国际机场，您可以着陆后立即通过智能手机上的优步应用程序进行预订，以便在共享乘车专用接送点(用户的上车地点)轻松上车，方便快捷。你无须在出租车队列中排队，车辆也比出租车更干净，更舒适。Uber X 从旧金山机场到市中心的丽思卡尔顿酒店约花费 34 美元，距离大约 14 英里(约 22.5 公里)。如果你乘坐出租车，每英里的费用约 3 美元甚至更高，但优步只需 2 美元左右。付款将通过注册信用卡自动结算，并通过电子邮件立即发送详细报表，所以出差经费的结算报销也很轻松。

由于比传统出租车更便宜、更舒适，共享乘车在美国迅速传播。美国是一个如果不使用汽车，你就不能生活的社会。在过去，即使是学生，如果不能搞到一辆破旧的二手车，你的生活将会十分困难。但现在你无须拥有一辆汽车，就可以轻松使用优步或来福车去超市。

在美国，商务旅行中使用租赁汽车是很常见的现象，但使用优步或来福车来满足旅行需求的情况也变得越来越多。换句话说,派遣服务型共享乘车毫无疑问不仅开始取代出租车,而且还开始取代私家车和租赁汽车。人们会比较多地选择每次使用后付 5～20 美元,移动约为 2～10 英里的路程。

在日本,因为私家车的共享乘车是非法的,并且派遣服务提供商仅限于有限的规模,所以还不成熟,但是派遣服务型的共享乘车在全球范围内呈爆炸式扩展。同时优步这样的共享乘车也造成了社会问题,还与监管机构和出租车公司发生了冲突。

每个国家正在优化派遣服务型共享乘车的法律环境,并且正在加强对私人车辆"白 TAKU"类的共享乘车的规定。在发达国家,有越来越多禁止私家车共享(优步称之为"优步 X")的案例,优步正在转型为提供拥有出租汽车等营业许可的专业司机进行的车辆派遣服务。

在亚洲,除了优步之外,还有中国的滴滴出行,新加坡的 Grab,印度的 OLA,印度尼西亚的 Go-Jek 等运营商都在一定区域范围内运营。而出租车基础设施尚未研发加速了共享乘车的成长。

所谓的"跳跃式现象"已经发生,并在新兴国家迅速蔓延。根据软银集团的统计,优步、滴滴出行、Grab 和 OLA 这四家主要公司,占全球市场份额的 90%。2018 年第二季度四家公司的年度总流通额已增加到 10 亿日元,如图 6-1 所示。

这些共享乘车公司不再是提供单纯的车辆派遣服务的企业了。它们变成了收集车辆和用户数据并使用人工智能技术实现实时的供需预测、管理车辆和根据供需条件改变价格进行动态定价的技术企业。

共享乘车业务可以简单地归类为"个人拥有车辆"以营利

(亿日元)

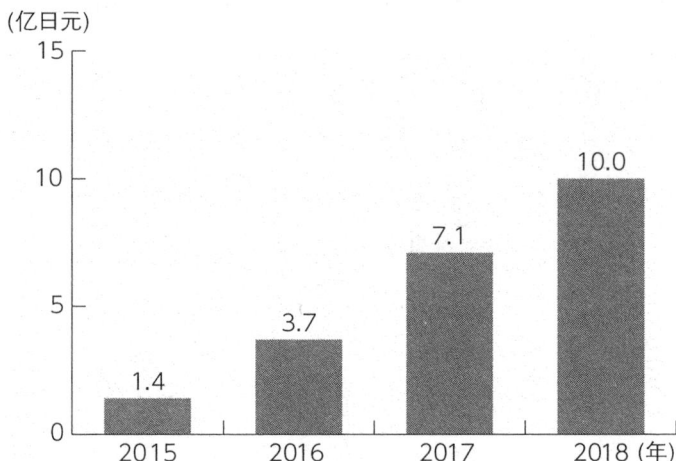

注：优步、滴滴出行、Grab 和 OLA 为主的 4 家公司。每个财政年度第二季度的年度数据。

图 6-1 四大主要共享乘车公司的总流通额

资料来源：各公司财务的软银数据、中西汽车产业研究所

为目的经营的优步型共享乘车和出租车等"法人拥有车辆"以营利为目的营业的 Grab 型共享乘车。滴滴出行也兼有这两种方式。在日本，出租车行业的既得利益受到政府保护，"白TAKU"类个人私家车配车被认为是违法的而被禁止，但通过应用匹配专业司机与用户的出租车和租赁调度车辆的服务正在扩大。在欧洲，戴姆勒经营的出租车派遣应用程序 My Taxi 正在迅速扩张。

多模式交通出行服务

对之前提到的多模式交通出行服务的关注程度正不断加深。该技术具有巨大的潜力，并有望发展成为下一代出行系统，该系统也将未来的城市设计，如智能城市纳入考虑范围。根据

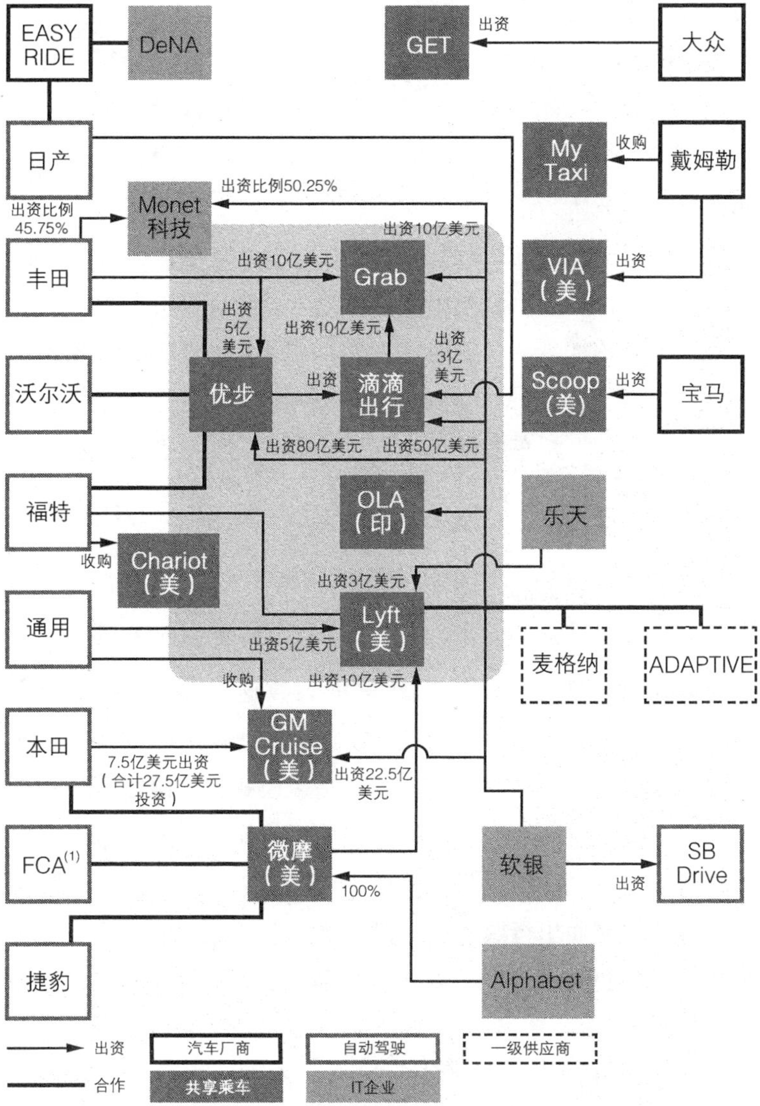

注：(1) FCA：Financial Conduct Authority，即（英国）金融行为监管局。

图 6-2 共享乘车营运资本和业务合作关系图

资料来源：各公司资料、中西汽车产业研究所

联合国的最新数据，2018 年占世界人口 55％的 42 亿人生活在城市地区，城市地区的人口将持续增加，特别是在印度和中国，预计到 2050 年将增加 25 亿城市人口。城市过度拥挤带来的社会问题，不能只靠自动驾驶和电动化来解决，重新设计城市空间的智能城市被认为是必不可少的。

不难想象，现有的交通系统和机器人出租车在没有任何同步的情况下，一旦混合，城市交通将成为一个混乱的世界。

看机场的优步乘车接送点拥挤的情况，即使它演变成机器人出租车，也很难想象它有一天会代替所有出行方式。道路可能因为机器人出租车的上下车而变得拥挤，产生诸如新型交通拥堵、混乱和事故等问题。别说是解决社会问题，恐怕还会产生新的问题。

除非我们把人放在社会的中心，追求一个人人都可以自由、安全和舒适地移动的城市环境和交通系统，否则我们将无法解决根本问题。整合人工智能、车联网大数据等，共享火车、公共汽车、飞机、出租车等传统交通工具，并通过连接机器人出租车等多种运输方式使之优化运输的就是多模式交通出行服务。那时，汽车将成为社会的装置，同时我们也将看到社会基础设施以出行服务为基础构建的超智能城市的终极未来。

多模式交通出行服务最早是瑞士和芬兰之间的合作。瑞士是汽车共享的发源地，人口普及率约为 1.3％，是全世界最高的。另外，日本的普及率已上升至 0.37％，近年来已达到德国等先进欧洲国家 0.33％的水平。瑞士汽车共享业务与铁路和新一代有轨电车（轻轨交通，LRT）相连，汽车共享会员只需一张 IC 卡，就可以以折扣价格从电车转乘到共享车。芬兰的交通政策，和以"2050 愿景"为基础的赫尔辛基城市政策促进了这一产业的发展。据说位于斯堪的纳维亚半岛东端的芬兰,地貌地形主要是森林和湖泊,在 33 万平方公里的国土中,74％是森林,10％是湖泊。芬兰正在寻求未来出行服务和城市设计的全球领导地位,以保护这片美丽的土地。

表 6-1 赫尔辛基 Whim 收费计划

	收 费 计 划		
	Whim To Go	Whim Urban	Whim Unlimited
月支付额	免费	49 欧元	499 欧元
区域公共交通工具	按次付费乘坐[1]	无限乘坐[2]	无限乘坐[2]
出租车(5 公里以内)	按次付费乘坐[1]	10 欧元/次	无限乘坐
租赁用汽车	按次付费乘坐[1]	49 欧元/天	无限乘坐
租赁自行车	对象外	无限乘坐(30 分钟以内)	无限乘坐

注:(1) 按次付费乘坐指每次支付固定金额。
　　(2) 无限乘坐是指单程票。
资料来源:中西汽车产业研究所

在芬兰,政府办公室突破重重障碍,实施法律修订,通过统一交通相关法律,强制交通运营商开放数据和 API 建设,构建了一个使出行服务运营商可以更便利地收集、处理和提供数据的数字平台。有了这个平台,就可以开始向人或物提供一站式出行服务。

Whim 是由 MaaS Global 运营的多模式交通服务应用程序,于 2016 年 6 月开始运营,并得到芬兰运输部和贸易部的支持。智能手机的 Whim 应用程序提供了从起点到目的地的最恰当的出行方式。

Whim 也引入了直销制度,目前有 3 个收费体系。Whim

Unlimited 每月需要 499 欧元，但可以无限制使用公共交通、无限制使用出租车（单次 5 公里内），租车和汽车共享在赫尔辛基、阿姆斯特丹、安特卫普、西米德兰兹等地提供了服务。2017 年，电装和丰田投资了 MaaS Global。

由汽车制造商主导的多模式交通出行服务是戴姆勒的 Moovel，与 Whim 一样，集合了公共交通、出租车、汽车共享和自行车租赁等，并提供无缝连接城市交通的服务，除了欧洲的德国、阿姆斯特丹、巴塞罗那和赫尔辛基外，还在波士顿、波特兰、奥斯汀、澳大利亚悉尼开展业务。

虚拟空间（网络空间）和现实空间（物理空间）的融合

这种多模式交通出行服务是最终的理想状态，但技术难度相当高。要实现这一目标，必须拥有将网络空间的连接与现实世界的移动相结合的先进技术。

出行的消费者有两种类型：人和物。有两种类型的供应商：个人交通工具，如私家车、机器人出租车、共享车；公共交通，如出租车、轻轨、铁路、航空和船舶等。需要进行数据分析以提供匹配、预订、付款以及在线执行双向评估。数据分析技术用于收集、分析和预测运营数据，当然分析出行数据和交易数据，提供舒适用户体验的应用程序研发也是非常必要的。还需要配备诸如车站、接送点、停车场、充电站和道路交通系统等基础设施的城市设计。

可以看到所谓竞争规则，是整合控制网络虚拟空间和物理现实空间中制造业和运营商的力量竞争。首先，在网络方面如数字和车联网等物联网技术是至关重要的，这是基于丰田和戴姆勒推出的"出行服务平台战略"所需要的基本技术。

图 6 - 3　支持多模式交通出行服务的虚拟和现实空间的合作

资料来源：中西汽车产业研究所

另一方面，在用户使用的现实世界中，支持智能化、电动化、网联化等车辆功能进化趋势的电子综合控制技术是不可或缺的。为了实现多模式交通出行服务，不仅需要"让我们尝试在郊外开机器人出租车"之类单纯的努力，还需要开发一个涵盖网络和物理空间的大规模系统。

谷歌和优步等 IT 公司未来有可能作为出行服务运营商进入市场。IT 公司有能力建立物联网并收集数据，但与现实物理世界的联系还是有限的，微摩也还需要更多的时间来收集这些真实的数据。如果能够快速建立物联网技术，拥有现实物理世界数据的汽车行业将有机会在这一领域占据高位。在出行服务中领先的芬兰的背后，是与日本一样的高龄社会。芬兰苦恼于日常的人力不足，不仅在出行方面，在其他产业也致力于实现数字化智能社会的创新。可能是期待未来，了解技术、工业、学术界和政府之间跨越障碍进行合作的文化已经根深蒂固的原因，芬兰像是有一种跨越障碍、共同努力改善社会的理念。在同样的老龄化社会中，日本有很多东西应该向芬兰学习。丰田和日本电装共同投资 MaaS Global 可能就是为了这个目的。

第二节　共享乘车 2.0 的世界

与软银合作、重新起步的优步

优步的使命是提供可靠的交通工具，让任何人都可以去任何地方。优步是一家由特拉维斯·卡兰尼克（Travis Kalanick）和加勒特·坎普（Garrett Camp）创立于 2009 年的共享经济技术公司。它以车辆派遣服务和共享乘车为核心业务，在世界各地部署了只需点击智能手机按键即可叫车的平台。优步公司估值 1 200 亿美元（约 13 兆 4 000 亿日元），是世界上最大的独角兽公司。

然而，优步的管理层正迎来一个重要转折点。创始人卡兰尼克的鲁莽和傲慢的管理政策是优步的企业文化。然而他引发了诸如性骚扰、隐瞒数据泄露以及未经授权获取知识产权等一连串的社会丑闻，在 2017 年辞去了首席执行官的职务。

被选中的继任者是一家大型在线旅行社 Expedia 的 CEO，49 岁的达拉·科肖沙希（Dara Khosrowshahi）。科肖沙希 9 岁时在伊朗革命的前夕，作为难民移居美国，从布朗大学毕业后担任投资银行分析师。之后,他跳槽到大型互联网集团 IAC,曾在位于西雅图的科技公司 Expedia 担任首席执行官长达九年。

　　为了重振优步,科肖沙希指出了重视公共性,进行企业文化改革,采取强化企业治理、经营扭亏等措施,并致力于 2019 年公开发行股票。2018 年,优步接受软银集团 7 亿美元、达 15％的出资比例,迎来重大转折点。科肖沙希从软银接收了两名董事,以促进改革治理。优步接受软银集团投资的最大原因似乎是期待与软银"群战略"的出行和技术公司能够产生协同效应。软银集团正在和印度的 OLA、中国的滴滴出行、新加坡的 Grab 等该领域大企业进行广泛的资本合作。优步计划利用软银的资本实力和资源网来加速新生。优步在亚洲的战略转移取得了很大进展。优步曾因与滴滴出行的消耗战而陷入困境,退出了中国市场,然后将战略转移为向竞争对手滴滴出行出资 20％。优步已完全退出东南亚竞争而将其业务完全整合到竞争对手中。

出租车调度服务重返日本

　　重生的优步已经转向采用出租车调度服务全面重返日本市场的战略。淡路岛希望制定吸引外国游客的入境对策,于 2018 年开始针对 130 辆车进行"优步配车应用程序"的实证研究,迈出了不为人知的第一步。

　　淡路岛在全国范围内只有 2 万辆出租车,只不过是渺小的存在,但是可能成为打开日本的出租车政策的契机。这种朴实的方法似乎是考虑到了于软银奏效的资本关系。2018 年 8 月日本传来了向爱知县富士集团(约 300 辆规模)提供派车应用的消息。

　　日本迎来了出租车派车应用的引进期。日本国内最大的出租车企业第一交通产业集团（福冈，8 500 辆）目前正在推进优步的派车应用，并与滴滴出行共同研发派车应用。索尼公司设立了"大家的出租车"公司并构建了派车服务平台，绿色城堡、国际汽车、寿交通、大和汽车交通、柴卡卡夫、东都汽车、日之丸汽车等 7 家出租车公司（约 1 万辆）也将参与其中。目前，丰田汽车和业内排名第二的日本交通公司正在部署派车软件"Japan Taxi"（原"全国出租车"，现称为"日本出租车"）。目前扩大范围约为日本国内出租车的 1/3，覆盖了 70 000 辆车。

世界上有许多国家不接受私人车辆也就是所谓的"白色 TAKU"接送服务。因此笔者不对它进行讨论。由优步等共享乘车公司提供的平台和先进算法，可实现路线定价、车辆匹配和动态定价以控制供需，可以提供高便利性。但日本国内的用户并没有享受到这种便利。

虽然优步不是唯一的选择，但问题是日本国内出租车系统现在已经加拉帕戈斯化（Galapagosization，孤立的环境下独自进行"最适化"而丧失和地区外的互换性）。很多人都在寻找高级匹配、提前确认票价、拼车等正确的进化方式。

世界上像 OLA 和 Grab 这样的创新型初创公司都已经诞生了，为什么在日本没有发生这种变化呢？

丰田与优步合作进入机器人出租车领域

优步在宾夕法尼亚州匹兹堡成立了先进技术集团（ATG），目标是确立自动驾驶技术。他们认为，如果要与微摩和 GM Cruise 开展的机器人出租车业务相抗衡，自己也应确立自动驾驶技术。然而，优步的自动驾驶技术发展仍然存在很多问题。优步在先进技术集团当地的匹兹堡和加利福尼亚州的公路上进行了实证试验,但由于该公路实证试验是在没有获得加州法规许可的情况下进行的,因此过去该州的公路试验会被驱逐出境。优步因从其竞争对手微摩剽窃自动驾驶技术而被起诉,由于无法阻止人工智能技术人才的流失,他们陷入了焦头烂额的困境。在这样的背景下,2018 年 3 月,优步在新公路试验场所亚利桑那州进行公路试验时,造成了死亡事故。这对优步来说是致命的事故,其结果就是优步在亚利桑那州的公路试验也被排斥出局。

这时,丰田向因开发自动驾驶技术而陷入困境的优步伸出了援手。2018 年 8 月 2 日,丰田追加投资 5 亿美元,并宣布双方将联合研发一款搭载两家公司自动化技术的乘用车"Sienna"。

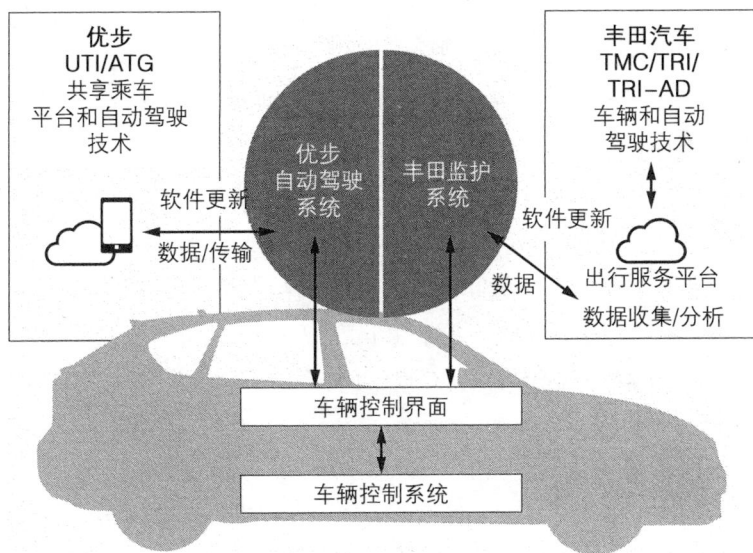

图 6-4　丰田汽车和优步共同研发的共享乘车专用车辆

资料来源:中西汽车产业研究所

147

配备优步自动驾驶系统和丰田监护（高级安全驾驶辅助）系统的车辆将于 2021 年导入优步的共享乘车网络中。优步的机器人出租车受到了日本"安全可靠"品牌丰田的支持，将有可能促进恢复对已经落地的优步安全的信心，并加速自动驾驶技术的发展。

这对丰田来说也是意义重大的战略合作。虽然竞争对手的制造商们正率先建立一个可以保证自动驾驶汽车生产规模的联盟，丰田在研发机器人出租车方面起步稍晚，但与优步的合作除了能够学习共享乘车的专业知识，还将确保自动驾驶汽车的生产规模的增加。与世界竞争对手相比，2021 年丰田的开始并不算太晚。

通过联盟，丰田可以吸收优步连接到出行服务平台的机器人出租车行程数据。今后，该机器人出租车技术将可以提供给国内外出租车行业。丰田也希望与优步合作研发机器人出租车，也在考虑纳入第三方的运营公司。

丰田已经表明了其对机器人出租车制造和运营的认真态度。丰田将机器人出租车命名为"Autono‐MaaS"。这是来自丰田的自创词，指的是使用自动驾驶车辆的出行服务。该自动驾驶车辆结合了自动驾驶和出行服务。

可以认为，丰田汽车对自动驾驶出行服务的战略已经进入一个新的阶段。自 2016 年推出互联战略以来，世界上的机器人出租车技术似乎已经超出了原先的预期。可以说，丰田的互联战略与自动驾驶汽车更加紧密的关系，使 Autono‐MaaS 战略得到了加速发展。

以 GM Cruise 为目标的"共享乘车 2.0"的世界

丰田之所以与优步进行机器人出租车合作，是因为看到了

GM Cruise 机器人出租车产业发展的速度。GM Cruise 在 2016
年以 5.81 亿美元的价格收购了在硅谷开发自动驾驶技术的
Cruise Automation。有大约 40 名工程师参与研发自动驾驶
技术。

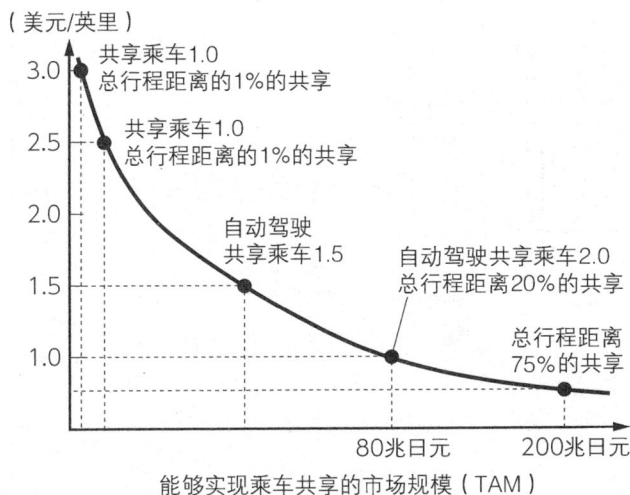

图 6-5　通用描绘的"共享乘车 2.0"的世界

资料来源：中西汽车产业研究所

不到 3 年,在 GM Cruise 参与自动驾驶研发的工程师就增
加到了 2 100 名,人们惊讶于其结合通用汽车的自动驾驶技术,
已经达到了可以开始提供无人驾驶共享服务的速度。

根据 GM Cruise 的 CEO 凯尔·沃格特(Kyle Vogt)介绍,
美国市场份额仅占 0.1%,总行程距离为 3 万亿英里。由于美
国司机的人工费用比较贵,每英里的平均旅行费用为 2.5 美元,
而出租车费用超过 3 美元。目前,如果向司机支付 10 000 美元
并扣除 1 美元折扣,则共享乘车业务每英里将损失约 1 美元。
如果将目前的共享乘车称为"共享乘车 1.0",那么若能通过引

入自动驾驶技术将每英里的平均旅行成本降低到 1.5 美元,实现收支平衡的话,就是自动驾驶技术所创造的"共享乘车 2.0"的世界。而且,如果该成本下降到 1/3 美元以下,那么 GM Cruise 在总移动距离中所占据的市场份额将会大幅扩大,市场规模将扩大到 8 万亿日元。

其关键是提高自动驾驶汽车的可靠程度并降低成本。就硬件而言,就是降低在第五章中提到的称为 LiDAR 的传感器的价格。目前,一般是 2 万美元(约 220 万日元)。GM 公司的目标是在下一代汽车上将其降至 1 万美元(约 110 万日元)或更低,并在未来将其降至 300 美元(约 33 000 日元)。为此,通用汽车已经收购了一家初创公司 Strobe。

而且,GM Cruise 的前景似乎很乐观。Cruise AV 的车辆利用率非常高,达到 50%,电池的单位成本为 100 美元/kWh。这一数据是否能在 2030 年达到,令人质疑。最让人难以接受的是车辆的寿命将要比当前车辆延长 3 倍。

尽管通过精密维护可以延长车辆寿命,但仍需要类似于飞机的车身控制和维护系统来维持汽车的可用性,而这个费用将是巨大的。

机器人出租车产业至少要亏损到 2025 年

GM Cruise 的定位不仅仅是提高机器人出租车产业的直接收益,同时还在于建立扩大出行商业的平台。

例如,通用汽车已明确了未来发展方向是通过提供自动驾驶工具,研发或销售机器人出租车来提高利润,并对 GM Cruise 所追求的 4 个产业领域进行了定义:无人驾驶车辆共享(机器人出租车);车内用户体验的货币化;数据业务;物流业务。用户体验的货币化和数据业务似乎很有潜力。

美国《联邦汽车安全标准》虽然不允许制造没有方向盘和刹车踏板的车辆,但通用公司从国家公路交通安全管理局获得了年均 2 500 辆的额外生产许可,当时预计将在 2019 年在旧金山启动该项业务。

目前 GM Cruise 的营业起步区域非常有限。在完成了高精度地图数据的整合之后,通用反复进行公路试验确定"已知区域"的行车限制,并在限定范围内选择乘车地和目的地,运行速度始于相对较低的时速(约 38 公里/小时)。

目前,对机器人出租车的盈利能力和商业潜力的预估并不容易,因为对示范试验结果如使用效率、维护成本和耐久性的公开十分有限。笔者也不清楚从保险系统到包括当地许可法律发展的速度。在如此大的约束条件下,笔者模拟出的结果见图 6 - 6。

每辆车的成本大约 5 万美元,每年可以实现 10% 的成本降低。经过 4 年的车辆使用后,依据固定成本法,残值的折旧将为零。刚开始的服务单价为每英里 2 美元,每年下降 5%。这种情况下,我们可以预想一个未来的情况,即 2030 年车辆的单价为 600 万日元,使用机器人出租车的服务单价接近每英里 1 美元。

可以说共享乘车 2.0 的世界正在来临。在这里,加入作为变量的汽车使用率,以弱、中、强三种不同类型的商业模式进行了推算。

如果按照强硬的计划推行,该产业具有的爆发式企业价值将不可小视。由于它基本上是设备行业,如果机器人出租车的数量增加并且运营率可以维持运转效率,那么它应该是有利可

（美元/英里）　　　　　　每英里的营业利润

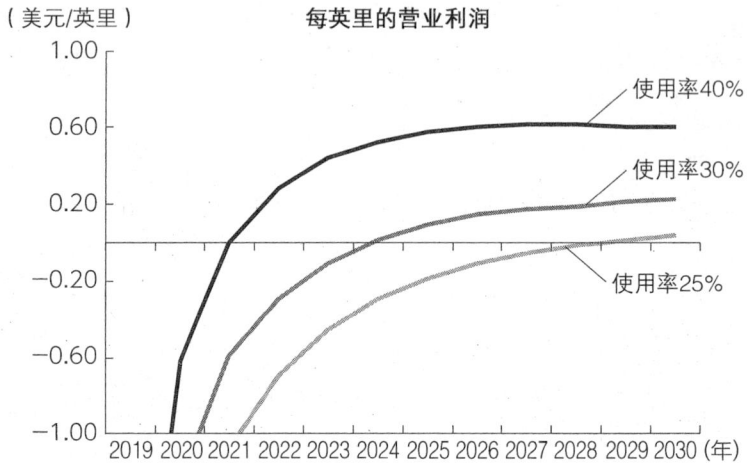

（百万美元）　　　　　　年度流动资金额

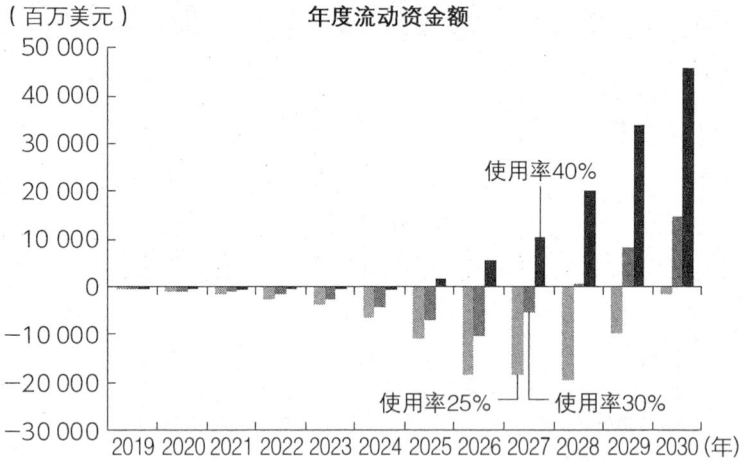

注：到 2030 年为止，10 万台的运行台数，1 英里＝ 2 美元将以每年 5％ 的速度下降，20 万美元的价格将以每年 10％ 的速度下降，寿命为 4 年，没有剩余价值。

图 6 - 6　机器人出租车盈利能力和商业潜力预估

资料来源：中西汽车产业研究所

152

图的。现金流量长期处于亏损状态，如果没有大量的财务基础，很难维持现金流。如果不是可以确保庞大的先行投资资金，并能承受长期亏损的企业，就很难继续经营下去。

另外，一件事故也有可能会改变整个发展蓝图的时间表。对包括硬件、软件的研发与生产效益、用户体验的货币化、数据业务和物流业务的协同作用等的商业性的综合评估是非常重要的。

第三节　完全无人驾驶的主战场是 MaaS

实现最后一公里交通的社会即将来临

出行服务领域的自动驾驶汽车将在 2020 年左右在全球范围内传播，如果凭借传感器的汽车设计，即使忽略成本，也可以开展业务。通过降低劳动力成本可以弥补高速系统成本，并且可以通过限制操作区域和操作速度来确保安全性。

但是，能否一下子扩大允许自动驾驶汽车业务经营的城市，还有待观察。因为似乎自动驾驶汽车的实证试验阶段还没有结束，想稳步扩大认证的公路试验也并不容易。美国交通局局长赵小兰（Elaine Chao）在 2018 年 1 月的北美国际车展上，对修改阻碍自动驾驶技术发展和应用的联邦法律表示了积极的姿态，但也承认"安全是第一位的"，规则修订工作可能持续数年。

人口稀少地区的无人驾驶公交车，公共交通的最后一公里交通，以及物流中的某些路线的配送，如比萨送货上门，有希望成为中期自动驾驶出行服务的使用案例。然而，通过无人驾驶共享来实现"何时何地都可行"，还有一条很长的路要走。

重要的是，我们要认识到实现最后一公里交通的社会即将
到来，并且有可以解决各种社会问题的潜力。下图是在最近的
车站和离家最后几公里处的无人驾驶的民营企业的交通系统。
德国大陆集团在 2017 年法兰克福车展上发布了"CUbE"
(Continental Urban mobility Experience)，且在法兰克福的试
验场地已经开始进行实证试验。这是面向美国安波福、德国博
世、大陆集团等一级供应商的最重要的例子之一。

图 6-7　由德国大陆研发的无人驾驶机动性"CUbE"
资料来源：大陆集团

法国的易迈（EasyMile）是一家研发自动驾驶巴士的公司，
目前生产 12 座自动驾驶巴士"EZ10"并正在反复进行概念模型
的实证试验。易迈表示，EZ10 的运行速度为 3 km/h，最高时速
约为 40 km，并且可以持续运行 14 个小时。德国大陆集团、日
本的 DeNA 集团和松下集团建立了资本联盟，很有可能在 2020
年前在社会上推行机器人出租车业务。而且目前松下集团正在
考虑推广在科罗拉多州丹佛市的智能城市规划的公共道路实施
计划。

同样,法国航海家集团(Navya)研发并制造了一种 5 座自动驾驶巴士"NAVYA ARMA",它可以在预设路线上自动运行。自 2017 年以来,已被引入瑞士瓦莱州锡永市的公共交通系统,并在美国、日本、澳大利亚等地展开试运行。

解决社会问题的重要作用

在日本,最后一公里的自动驾驶即将在社会推广。自 2016 年以来,经济产业省和国土、基础设施、运输和旅游部一直在对安装最后一公里的终端运输系统进行实证试验。作为一项国家政策,日本的目标是在技术和商业化两方面走在世界前列,引领世界自主驾驶技术的社会实现。预计日本的路线规划与欧洲几乎相同。具体而言,在乘用车领域,到 2020 年将在高速公路实现第 3 级的自动驾驶,在普通公路主要道路的直道上达到第 2 级的自动驾驶,并且在 2025 年左右将扩大可以左右转弯的环境。

在出行服务平台的运营中,日本将选出社会需求较强的地区或经济效益较佳的地区,计划在 2020 年实现第 4 级无人驾驶交通系统的社会建设。日本政府决定,将依次扩大能够引入第 4 级自动驾驶的地区。从本质上看,最需要自动驾驶技术的地区无疑是公共交通最薄弱的地区。为满足这种出行需求,推广这种装有昂贵传感器和半导体的机器人出租车并不容易。

使用自动驾驶技术的出行系统,需要有负担庞大的研发资金和持续盈利的产业结构。必须以确立软件和硬件技术,以及建立波及众多新兴企业的生态系统为目标。

发展公共交通,有必要加强社会基础建设。此外,向人口减少而无法享受公共交通服务的地区,提供能够降低成本的出行交通服务也很重要。不单单局限于没有司机的自动驾驶专用车，而是通过运用第 3 级自动驾驶汽车，能够以低廉的价格提前投入使用。

日本是世界上经济最发达的国家之一，同时人口出生率下降、社会老龄化等问题也很严重。自动驾驶出行服务平台在解决农村老年人出行和公共交通薄弱地区的社会问题方面扮演着重要的角色。提供一个让每个人都能享受出行自由的快乐社区将是汽车行业的使命。芬兰的 MaaS 和法国的 Robot Shuttle 都是日本需要的技术，日本需要改变意识，不要害怕失败，要有理念地推进改善社会的改革。

平衡出行服务和私家车，满足出行需求

汽车私有和汽车共享的经济合理性，在很大程度上取决于年移动距离。据德勤会计师事务所（Deloitte Tohmatsu Consulting，DTC）推算，如果一年内有 1 万～2 万公里以上的移动距离，那么私有汽车会更划算，但如果在这之下，那么利用共享乘车将会降低经济成本。换而言之，如果行程距离较短，最好使用出租车。按照这种理论，如果真发生只移动 1 万～2 万公里的家庭放弃购买汽车的举动，将会对汽车保有量造成巨大的影响。但是，不能只根据移动距离来决定是私有还是共享。

在移动距离短且购买成本高的城市地区，由于经济性和便利性，越来越多的人放弃购买汽车并转向共享乘车。一般而言，在劳动力成本高的国家推行汽车共享，在成本低的国家推行乘车共享的趋势很强烈。比如在欧洲，自由浮动型的自动驾驶汽车因为便利性很高，汽车共享也不断普及。在日本，因为基本上不允许在街道停车，因此很难推行自由浮动型自动驾驶汽车。

也存在着当考虑步行到车站,但距离家 200 米范围内没有车站会感到不方便的情况,或者存在想要乘坐的车并不总是能够使用,共享汽车内残留着垃圾等问题。

汽车保有不仅仅是出于出行的考虑,应该也有其他综合的理由。虽然有点离奇,但好莱坞恐怖电影的结尾有很多用皮卡打倒袭击的怪物的场面(在此之前,必须有把钥匙掉在地上的令人胆战心惊的场面)。这种时候就不能去车站取共享汽车,也不能叫优步帮忙。说得再认真一点,在灾害多发的日本,私家车是取暖、智能手机充电、听紧急新闻的生命的避难所。在可能的限度内,想把 1 台私家车放在手边的需求是基础性的。

在第三章中,笔者认为,如果随着出行服务平台的普及、移动自由度的增加和出行成本的降低,那么出行的使用情况会增加,行进的距离也很可能会增加。同时,如果移动距离增长率上升,私家车的保有结构在 2030 年前后将不会受到明显影响。因此,不是要在私有和共享两者之中选其一,而是要兼容出行服务和私家车以满足出行的需求。

出行服务产业中汽车行业的竞争力

以上,我们已对出行服务平台和服务进行了深入挖掘,我想重申一下,对于汽车工业来说,将高度的虚拟空间(网络空间)和汽车行业的现实空间(物理空间)这两个世界相连接的技术是十分必要的。

要使网络技术和现实制造业相结合,则需要掌控数字化、网联化等 IT 技术和智能化、自动化、电动化等支撑汽车进化的大规模综合控制技术。这是两项重要的关键因素。这是 CASE 革命所追求的下一代产品,也是本书第八章的论点。

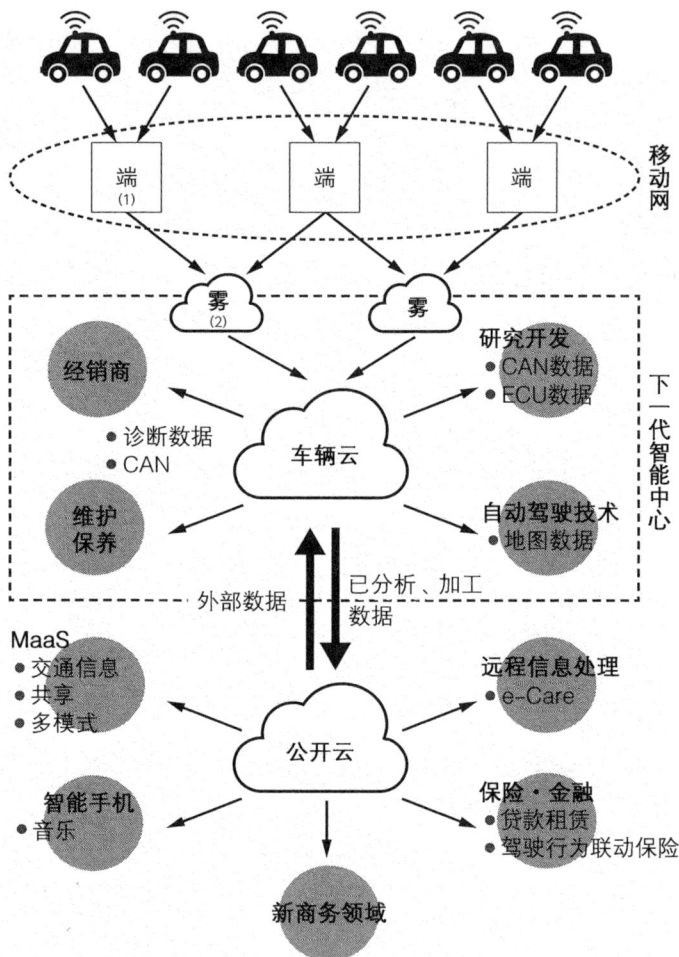

注：（1）强调实时，并在终端附近分配服务器以进行计算。
　　（2）在数据进入云之前分布的计算环境。

图 6 - 8　丰田下一代智能中心构想图

资料来源：各公司数据、中西汽车产业研究所

　　如上文描述，出行服务商需要在用户和服务商之间，构建处理大数据的智能中心和出行服务平台。而汽车厂商需要构建与谷歌、苹果公司相抗衡的物联网，重要框架是收集数据的战略。如果出行服务平台被抑制，那么拥有现实世界数据的汽车行业有机会在 MaaS 领域获取竞争力。但是要想实现这一目标，就必须要建立大规模的新一代智能中心。从通信设备到建设数据中心所需的投资金额很有可能会非常庞大。

　　另一方面，虽然像上文所述，但出行服务的车辆产品组合的增加无法预期是否能够提供剩余价值的反馈，这将不可避免地对制造业的附加价值造成下行压力。实现传统制造业的改革，寻找 CASE 革命中赚钱的方法才是基本中的基本。此外，汽车制造商已经建立了出行服务平台，如果作为运营商却不打算改善盈利的业务结构的话，那么在投资战争中有可能重蹈 IT 企业的覆辙。

第七章
电动化

第一节　大众柴油车丑闻暴露
出的欧洲窘境

大众汽车复兴的信号

2017 年 9 月，自法兰克福柴油车丑闻已经过去了两年，大众集团在车展上依照惯例举办了集团之夜。那之后，暗中逐渐与美国联邦政府达成和解。一直以来忍辱负重的大众汽车，自此终于迎来了复兴的时刻。

"汽车行业的变革是不可阻挡的，我们将主导这一变革。"

当时的首席执行官马蒂亚斯·穆勒这样高调宣布，提出了名为"Roadmap E"的大众集团电动化战略。

Roadmap E 战略有以下 5 个核心。

（1）研发 MEB（量产车）和 PEA（高端车）这两个电动汽车专用平台。

（2）2025 年电动汽车的目标销量是 200 万～300 万台（其中大众品牌 100 万台），计划将集团产能的 25％转换为电动汽车。

（3）2025 年前，将 30 个车型的电动汽车模型投放市场。2030 年前，将全部的 300 个模型改为电动汽车模型。

（4）2025 年的目标是电池功率达到 150 千兆瓦时/年。至
2030 年,大众集团将在电动化中投资 200 亿欧元(约 26 000 亿
日元)。

（5）实行有史以来最大规模的采购政策,与供应商的采购
合同增加到 500 亿欧元。

为了达到 150 千兆瓦时/年的规模,特斯拉在内达华州建造
了 4 个千兆级的工厂。同时,500 亿欧元(约 65 000 亿日元)是
相当惊人的金额,其影响之广,涉及从生产必需的稀土供应,到
循环为止的整个供应链。大众集团也非常担忧,这样大量投资
是否会给地球环境带来新的负担。

这样的像是某个新教传教般的呼吁出现了:"面对这一浪潮
(电动化),战则存,不战则亡。请大家贡献出自己的力量(投资
设备)。"

戴姆勒提出相反的战略

同一时间,戴姆勒敲响了电动汽车的警钟。戴姆勒在斯图
加特聚集了世界级的装置投资家和分析家,开展了为期 1 天面
向投资者的战略说明会。会上,CEO 迪特·蔡澈对未来的收益
性发出警告。

"电动汽车的收益只有搭载内燃机(汽油和柴油)的汽车的
一半以下。如果 2025 年以前,电动汽车和插电式混合动力汽车
等电动汽车产销量达到 50 万台,那么戴姆勒的营业利润率将会
减少 2%以上。"

现场的机构投资者们都平静地接受了这一说法,表示"那是
当然的"。就连拥有梅赛德斯这样大品牌的戴姆勒都背负着如
此沉重的负担,不难想象大众汽车分级汽车厂商利润是怎样的

惨淡。

戴姆勒在车展上提出了相反的战略，就像是说大众汽车呐喊的时代已经过去了。戴姆勒将会在柴油发动机上投资 30 亿欧元（约 3 900 亿日元），明确今后清洁高效发动机的发展方针。刻意选择电动汽车潮流最甚的法兰克福作为车展地址，发表混合燃料电池车"GLCF‑CELL"的生产模型，正体现了戴姆勒的魄力。

迪特·蔡澈提出："单一的动力传动系统可能对环境造成恶劣的影响。我们将把握电动汽车、混合动力汽车、燃料电池车这 3 根支柱，开发未来值得期待的动力传动系统。"

戴姆勒希望均衡地发展电动化，在 2020 年前引进包括电动汽车、插电式混合动力汽车、48 V 轻型混合动力汽车等 50 多种动力传动系统。其中 10 种是电动汽车。考虑在 2020 年前，将小型轿车品牌"Smart"替换成电动汽车，激发城市上班族的需求。

日本报道主要以大众呐喊的时代为中心，但是对德国三大龙头的环境技术方面的思考有很大差异。相比作为电动化革命的旗手与中国合作推进激进战略的大众汽车，戴姆勒提出了有序的阶段性变革。宝马也坚称自己是电动汽车的领头羊，在重视收益性的同时，也会坚持探索品牌价值和电动化战略的协同效应，目标是成为世界第一。

欧洲汽车产业必须全力推进电动汽车改革的理由有以下三个：

第一，以大众柴油车丑闻为开端，排放废气污染大气所导致的环境问题成为严重的社会性、政治性问题。欧洲汽车产业作为罪魁祸首，有义务提出令世人、政府、环境组织、股东等满意的环境问题解决方案。

第二,欧洲是巴黎协定的主办地,欧洲汽车厂商有义务带头推行削减温室气体的政策。

第三,汽车产业也有自己的考虑。2021 年企业的平均耗油量(CAFE)标准是 95 g/km,完全下架柴油机将导致完成度亮起黄灯警告。要在短期内普及电动汽车,至少也希望推行有利于企业平均耗油量的措施,也就是解决经济问题。

大众汽车违规的真正原因

2015 年出现了大众汽车的违规丑闻和巴黎协定签订两大事件,是划时代的一年。欧洲产业的基本战略中,提出要实施世界上最严格的环保条例,为了培养世界级竞争力,需要提前确立先进技术。但实际上,这完全是在自掘坟墓。欧洲汽车产业在世界最严格的外部环境中苦苦挣扎。

即使如此,不知为何,大众汽车宁可承担风险也甘愿铤而走险。

让我们试着技术性剖析一下事件背景。柴油发动机的"燃烧系统"中包含涡轮增压器、自动喷射系统、排气再循环等装置。简单来说,就是将带着燃料的空气压入燃烧室,利用高压喷出细微的燃料,将排出的气体部分再循环,使其进入燃烧室从而降低燃烧温度。这样就能实现油耗和输出功率、废气中氮氧化物(NO_x)和颗粒物(PM)的平衡。

废气的"后续处理工序"中,包含一般的三元催化剂,将 NO_x 无害化的 NO_x 还原催化剂和回收固体颗粒的 DPF(柴油颗粒过滤器)这两种必需的还原催化剂。还原催化剂包括 LNT(固氮催化剂)和 SCR(脱硝催化剂)两种。虽然脱硝催化剂通

表 7 - 1 电动汽车的类型和特性

系统名称		12 V 轻型动力汽车	48 V 轻型动力汽车	混合动力汽车	插电式混合动力汽车	电动汽车	燃料电池车
缩写		MHEV	MHEV	HEV	PHEV	EV	FCEV
系统	发动机	●	●	●	●	●	●
	转换器	●	●	●	●	●	●
	电池	●	●	●	●	●	●
	汽车油箱	●	●	●	●		●
	内燃机(发动机)	●	●	●	●		
	充电器				●	●	●
	排气管	●	●	●	●		
混合动力功能	怠速熄火	●	●	●	●		
	能源回收	●	●	●	●		
	机动辅助	●	●	●	●		
	电机驱动			●	●		
	油耗改进效果(和汽油发动机相比)	5%	10%～15%	25%	—	—	—

续　表

系统名称	12V轻型动力汽车	48V轻型动力汽车	混合动力汽车	插电式混合动力汽车	电动汽车	燃料电池车
缩写	MHEV	MHEV	HEV	PHEV	EV	FCEV
续航距离（和汽油发动机相比）	+	+	++	+++	+++	++++
二氧化碳排放量	+	++	++	+++	-	+++
特点	能正常使用汽车的电装标准电压的12V标准电压的简易混合动力系统	将电装体系电压提高到48V的轻度混合动力系统	用高电压驱动发电机，很难控制油耗性能、行驶性能和成本的平衡	兼具电动汽车和混合动力汽车的优点，不使用汽油	因为耗电，所以不排放二氧化碳，但是续航距离和充电时间是缺点	续航时间相对较长，氢气填充时间短
市场性	小型汽车，以新兴国家为中心普及	在欧洲、中国有发展前景	在日本、美国有发展前景，在其他地区普及及很缓慢	在欧洲，中国有销售前景，但是和大众汽车的成本竞争力是一大难题	由于ZEV/NEV规定和CAFE规定，在欧洲、中国有发展前景	必须建立氢气站，提供稳定的氢气供给，离普及还有很长时间
成本	使用现有的12V电源，可以低成本混合动力化	能够装载在现有的发动机上，可以设定各种各样的系统	混合花的费用约30万日元。成本相对高，需要高温控制技术	对相对大量的电池和发动机都有要求。因此价格高	虽然电池成本下降了，但是接近汽油车价格还需要相当长的时间	成本很高，氢气的制造、运输、储藏的成本和技术中难题很多
附加费用（和汽油发动机相比）	5万～8万日元	10万～25万日元	25万～35万日元	约100万日元	100万日元以上	500万日元

资料来源：中西汽车产业研究所

过尿素还原 NO_x 的效果明显，但是同样对成本、重量、空间、油耗性能的影响等的限制很大。光是必须定期给油箱补充尿素这一点，就会影响顾客的便捷性和维护成本。总的来说，此方法适合高端的大型汽车。

大众汽车将固氮催化剂作为 NO_x 的还原催化剂，是想用轻便、廉价的固氮催化剂，挑战世界最严格的美国规定的"Tier2Bin5"排放标准。当然这个野心无法实现，大众汽车明知违规却依然安装了 Defeat Device 这种特殊程序，这在序文中已经说明。

某个马自达的技术人员在大众柴油车丑闻发生后不久发出感叹，"顿时恍然大悟。为什么只有大众汽车能够发挥出那种程度的性能，这一长久以来的谜题终于被解开"。

大众汽车自以为是，认为 Defeat Device 不会被发现。21 世纪最初十年中，准确检测正常行驶中的车辆尾气的技术尚未问世。日本崛场制作所等检查机器的厂商提供的车载式尾气检测系统（PEMS），也是在最近才能比较准确地检测路上行驶中的车辆尾气。

第二节　面临环境问题考验的汽车产业

巴黎协定和环境友好的重要性

世界环境的问题围绕着以下 3 个主要方向展开。

（1）减少大气污染的"尾气问题"；

（2）作为全球变暖的对策，以降低二氧化碳排放量为主的"温室气体排放问题"；

（3）替代枯竭的化石能源的"下一代能源问题"。

对于"尾气问题"，有像"Euro 6d"这样规定了汽车要将 NO_x 等有害物质净化到一定水平的义务。温室气体排放限制是指，根据 2015 年巴黎协定决定的"削减世界范围的温室气体排放量，以确保相比产业革命以前气温上升小于 2℃"这一造福未来子孙后代的约定。为了实现这一约定，对汽车尾气中排放的二氧化碳制定了油耗限制。一般规定，以企业平均油耗值来计算排放总量的平均值。

新时代新能源车的普及，按照两种方式共同进行，其一是在实现 CASE 革命过程中阶段性推行，其二是遵照美国加利福尼亚州的零排放车(ZEV)和中国新能源车的规定，按一定比例强制转换为零排放车。零排放车和新能源车包含了电动汽车、插电式混合动力汽车和燃料电池车，而日本擅长的混合动力汽车却不包含在其中。

破坏这一规定的正是大众汽车的柴油车违规事件。无疑柴油发动机陷入了困境，因为严格的废气排放规定和被称为"实际道路行驶排放"(RDE)的检测，风靡一时的小型增压机的竞争力也被削弱。汽油发动机因为不得不提高规格而扩大排气量、增大汽车体积、增大发动机体积，从而导致汽车重量增大，陷入应对企业平均油耗值的恶性循环。

一旦这样，只能提高对动力源的电能的依赖度，但是电动汽车不能自我发电，必须通过储存了发电站等所发的电的车载二次电池，进行充电后才能行驶。为此，温室气体的排放量，与产生电能的一次能源(化石燃料、原子能、可再生能源)三者的组成比例即所有能源的混合比例有很大关系。

电动汽车的温室气体排放量，是根据"二氧化碳排放系数"(每 kWh 的二氧化碳排放量)和电动汽车的耗电量(行驶 1 km 所需的电力)估算的。例如,假设日产 Leaf 的耗电量为 19.4 kWh/100 km(194 Wh/km)。在日本(排放系数 540 g/kWh)行驶的话,每公里的二氧化碳排放量为 104 g,若在煤炭火力发电占比很高的中国(657 g/kWh)则为 127 g,在原子能发电依存度高达78％的法国(46 g/kWh)只有 89 g。

这是一种能够追溯到一次能源的,被称为"环境友好"(Well-to-Wheel)的思考方法。也就是计算从油井(Well)中获得能源,到车轮(Wheel)上用于实际车辆行驶为止,所产生的二氧化碳的量。电动汽车对地球环境是否有益,取决于能源组合比例。欧洲将电动汽车作为主要的解决方案,但是日本、中国和印度的排放系数很高,对于解决环境问题,电动化并不是一个完美的出口战略。基于环境友好的合理思考方法是要均衡地提高内燃机的性能,普及插电式混合动力汽车以及提高燃料电池车等技术。

世界环境法规的两个方向

欧洲委员会(EC)公布了 2018 年 10 月以后的汽车油耗法规的提案,载客车的企业平均油耗值要求 2021 年的二氧化碳排放限制在 95 g/km;2025 年的中期目标,比 2021 年的目标减少15％(约 80 g/km);2030 年为最终目标,减少 30％(约 68 g/km)。

对于长期的油耗法规,要求减排水平提升到更严苛的35％~40％的欧洲委员会,和希望减排水平下降到 20％的汽车行业之间持续着艰难的交涉,最终决定的标准恐怕更偏向于欧洲委员会的提案。为了达到将来的标准,必须增强电动汽车、插电式混合动力汽车的电动性能。

根据欧洲委员会的议案,欧洲正在推进以加速普及零排放

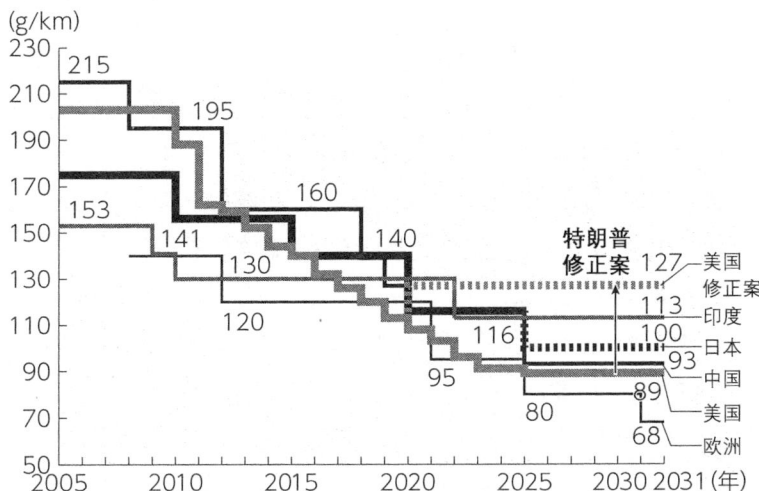

注：日本 2025 年标准为中西汽车产业研究所估值。

图 7 - 1　对世界的企业平均油耗法规的预测

资料来源：ICCT 等资料、中西汽车产业研究所

（电动汽车、燃料电池车）和低排放（二氧化碳排放量小于 50 g/km 的插电式混合动力汽车等）为目的的配套制度。为了实现低排放比例，欧洲关于是否要对汽车厂商进行缓和限制的讨论热情很高，显示出欧洲推广普及有市场前景的插电式混合动力汽车的前进路线。

中国的企业平均油耗目标是将以前的排放标准 160 g/km 在 2020 年降低到 116 g/km。印度将在 2022 年开始实施 113 g/km 的严格油耗限制。

但是，与欧洲行动完全相反，美国总统特朗普放宽了油耗法规。2018 年 8 月，他大幅修改了奥巴马政府确定的美国油耗法规方案（2025 年 50 英里/加仑，也就是约 21 公里/升。逐年削减企业平均油耗值），发布 2021 年以后各类汽车停留在 127 g/km 的宽松

方案。2020 年,美国选择了放宽油耗这一与世界截然相反的道路。

美国零排放法规倒退的风险

从特朗普政府在 2018 年的税制改革中废除电动汽车补助金等举措,我们可以看出,特朗普对于环境法规毫不关心。同时他还企图废除加利福尼亚州的零排放法规,极有可能与推进零排放法规的加利福尼亚州、纽约州发生激烈的冲突。

加利福尼亚州的零排放法规是以加利福尼亚州为中心,包含俄勒冈州、东部 8 个州总共 10 个州的计划,从 2018 年示范年开始实行的。零排放法规要求销售超过一定比例的不排放尾气和温室气体的零排放车。根据法规,2018 年零排放车产销量达到 4.5％,2020 年的产销量应达到 9.5％,2025 年的产销量应达到 22％,而没有达标的厂商必须缴纳罚金,或从超额完成的厂商那里购买信用。

美国的零排放法规是很难遵守的,因为美国人需要长距离驾驶,因此偏好大型车。现状是美国只有投入高额购买补助,才能勉强把零排放车推销出去。虽然都能从市场购买信用,但是作为汽车行业龙头,如果未达标就会感到有失颜面。

如果通过零排放法规的州从现有的 10 个州继续扩大,那对汽车厂商来说是不得了的事情,但是幸好目前还没有这种动向。美国零排放法规的目的是恢复没有阴霾的蓝天,让更多的州能享受到清新的空气。根据预估,如果法案只停留在 10 个州的话,2025 年美国零排放车的产销量只有 20 万台,和全体汽车产销量相比真是微乎其微。对汽车公司来说,这无疑是一道门槛,却也并非毫无跨越门槛的可能。

国土面积广袤、平均行驶距离长等是美国的出行特点,原本就不适合电动汽车的普及。而且普及汽车充电站不仅需要成本,还需要时间。因此,如果联邦政府缺乏明确的政策,那么美国零排放车的市场推广,很有可能落后于世界水平。

第三节 电动汽车的普及预测—— 2030 年达到 8％

内燃机汽车真的会消失吗

荷兰和德国在 2016 年的议会上通过了法案,分别表示要在 2025 年和 2030 年之前,禁止销售使用内燃机的新汽车。电动汽车的热潮瞬间席卷全球。

随后各国开始研究应对政策,英国和法国预计在 2040 年,印度预计在 2030 年,印度尼西亚预计在 2040 年之前禁止销售使用内燃机的汽车。

推广电动汽车有 3 个重要因素,包括:大气污染问题;产业政策;能源政策。我们必须认识到欧洲的大气污染问题是深刻的政治性、社会性问题。新兴国家的产业政策和能源政策这两个方面必须依附着时代背景,比如中国的“汽车强国”政策和受其影响的新兴国家的产业政策,必须以摆脱对进口石油的依赖性为目标展开行动。

日本国内也在大肆报道“内燃机(发动机)会真的消失吗”之类的新闻。但是目前真正在考虑只使用零排放汽车和新能源汽车的法案的只有荷兰,其他国家几乎没有政策松动的报道。德国的默克尔政府明确表示,要坚持使用柴油发动机。英国和法国的政策决议,则是坚持一贯受欢迎的怀柔政策。挪威政府通过了允许轻度混合动力汽车的法案,正尝试大幅修改法案。为了解决大气污染问题，欧洲很有可能在主要城市限制使用内燃机汽车，但是预计推广到英法全国甚至全欧洲范围是不现实的。

印度的莫迪政府开始研究在 2030 年前将国内汽车完全转换为电动汽车的政策。这一新闻冲击了占有印度市场 50％ 的铃木集团（Suzuki）。现在看来，出于政治目的，日本对电动化落后的日本汽车厂商泼冷水，强迫日本厂商进行电动化投资。

2017 年 11 月，铃木和丰田缔结契约，在印度市场建立了针对电动汽车投资的合作关系。

到了 2018 年，印度的道路交通部部长加德卡利突然转变为怀柔的姿态，"只要准备电动汽车普及的行动计划，不需要国家政策"。可能是因为印度的政策诱导了铃木和丰田的电动化合作投资，能使两大公司进行密切的合作。莫迪政府高度重视能够帮助印度摆脱对石油依赖的能源安全保障政策。此外，莫迪政府对推进电动汽车的中国新能源汽车战略感到威胁，急于在电动汽车领域打出"Made-in-India"的品牌。

第四次电动汽车热潮到来

世界上很多专家智囊团都非常看好电动汽车的普及。彭博新能源财经（Bloomberg NEF）表示，2017 年电动汽车产销量不足 110 万台，但到 2030 年会到达 3 000 万台，占世界新汽车产销量的 28％，预计 2040 年会达到 55％。波士顿咨询公司预测电动汽车产销量在 2030 年会比预期高出 14％，而德勤会计师事务所保守预测 2030 年会高出 7％。

因为地区和定义的差异，电动汽车在全球的普及情况不能一概而论，但是大众对于电动汽车的普及都是持乐观态度。除了德勤的保守预测外，那些看好未来发展形势的观点也有可能都是出于商业目的。咨询公司能够预测到未来的危机,灵活满足顾客要求,给出投资、战略构筑、资金运转方面的建议,这才是电动汽车热潮的根本。

电动汽车热潮在以前每 10 年出现一次,然后都悄无声息地销声匿迹。20 世纪 70 年代,以大气污染问题为契机,出现了第一次电动汽车热潮。1990 年,加利福尼亚州制定了零排放法规,标志着第二次电动汽车热潮的到来。

通用汽车的"EV10"大受欢迎,却突然从市场上销声匿迹。纪录片《是谁抹杀了电动汽车》中有趣地描绘道:政治和产业为了保护既得利益,在暗处极力阻止电动汽车的普及。

第三次热潮是以 2009 年奥巴马政府推进的"绿色新政"为契机开始的。2010 年日产汽车"Leaf"登上了历史舞台,电动汽车迎来鼎盛时期,接着又随着页岩革命,淡出人们视线。众多电动汽车小企业都破产了。

现在是第四次热潮。这次能明显地感到不一样的外部环境。以前的繁荣都是从美国开始的,仔细想来,美国市场并不适合电动汽车,繁荣现象很难持续。这次的发源地是和电动汽车相容性较好的欧洲市场和中国市场。欧洲有一贯严格的长期油耗法规的方针,中国则实行着新能源车法规。这两个地区提供了持续发展电动汽车需求的条件。中国不仅形成了巨大的电动汽车市场,还建立起原材料供应、电池制造、电池回收、制造销售电动汽车的生态系统,几乎不受资本市场的变动影响。因此绝对不能轻视这次热潮。

电动汽车的竞争力分析

电动汽车是否确实能成为贴近人们生活的一部分? 这要看

电动汽车是否在成本上有竞争力以及能否便捷地找到充电设施。

以往对电动汽车的成本分析，确实有些过于乐观。很多分析都显示，到 2025 年，电动汽车的价格将接近汽油汽车的价格，甚至低于汽油汽车价格。彭博新能源财经调查分析显示，2025 年电动汽车成本将与汽油汽车持平，2029 年全部都能达到汽油汽车的水平。美国的桑福德·伯恩斯坦咨询公司（Sanford C. Bernstein）指出，2026 年汽油汽车发动机成本很有可能超过电动汽车系统的成本。

但是，本书并没有根据电动汽车需求会呈现出爆发式增长这种过于乐观的构想进行猜想，不认为汽油汽车会反超电动汽车的价格。虽然积极应对包含电动汽车的电动化热潮是很重要的事，但是笔者并不认同一部分媒体和专家智囊团仅仅因为察觉到一丝迹象，就开始炒作汽车电动化的行为。

电池成本无疑会下降。但是从与锂电池的正负极材料质量相应的能源密度（用 Wh/kg 表示）的发展速度来看，电动汽车很难体现出超越汽油汽车的成本优势。如果当今的锂电池质量能源密度的极限为 300 Wh/kg，那么为了确保行驶距离，就必须在车上装备大量的电池。一旦电动汽车的数量加速成长，由于供需不平衡，就会导致电池原材料价格上升。如果电池成本无法降低，电动汽车就会失去成本上的竞争力。除非下一代电池研发成功，否则电动汽车很难成为主流。

接下来以日产汽车的 Leaf 为例来进行说明。新型的 Leaf 车的最低价格为 322 万日元，装载了价值约 110 万日元（每 kWh 价值 2.7 万日元，共 40 kWh）的电池。

即使减去中央和地方政府的 60 万日元补助，Leaf 的最低

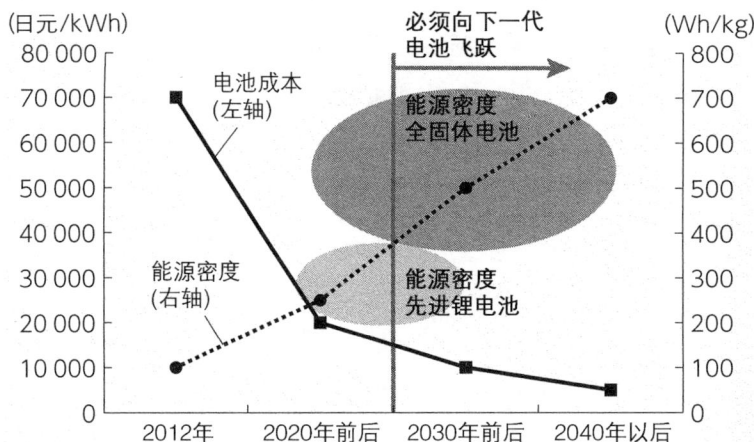

图 7‑2　NEDO 汽车的二次电池路线图

资料来源：NEDO 资料、中西汽车产业研究所

价格也要 262 万日元。顺带一提，没有补助的普锐斯汽车（电池装载量 0.7 kWh）的价格只有 242 万日元。

即使乐观地假设，2030 年 Leaf 的电池成本每千瓦时降价 1 万日元，Leaf 的价格也只降到 254 万日元，仍然要高于普锐斯。如果普锐斯比汽油汽车贵 20 万～30 万日元，要使电动汽车比汽油汽车便宜的话，则必须把电池成本降到 8 000 日元/千瓦时以下。

电池成本的 70% 是原材料费。对于目前可能的质量能源密度来说，仅仅是正负极材料、电解液、垫片等主要组成部分的原材料费至少需要 1 万日元。此外，要产生大量的电力还必须消耗加工费、设备费、人工费、包装费、电池控制器、冷却装置等成本。当然，电池厂商也是要盈利的，所以目前没有办法将价格降到 1 万日元以下。

材料费的市场价波动对减少电池成本来说，是最大的风险因素。材料费是根据市场供需平衡变动的。假设 2030 年电动汽车的产量为 2 000 万台，电池量至少需要 1 000 千兆瓦时，必须在地球上建立 30 个千兆级工厂。而一旦必要的钴、锂供给不足，破坏了供需关系，电池的价格就会飞涨。

各地区的动力系统组合存在很大差异

正如戴姆勒的首席执行官蔡澈所说，过度依赖一种动力能源会出现问题。如果不能有效地利用资源，思考如何通过动力系统结构让汽车发挥出最大限度的效果，一切始终只会是不切实际的理论。像是电动汽车和混合动力汽车的动力源结构称为动力系统组合。

如果将电动汽车使用电池资源的基本单位定为 100 的话，那么插电式混合动力汽车是 10，混合动力汽车是 1。使用低效电池的电动汽车显然不合理地浪费了原材料，为此需要尽可能地压缩资源消耗，同时做到二氧化碳排放最优化。例如，使用电动汽车 10%，插电式混合动力汽车 20%，混合动力汽车 70%的动力系统组合，就能够制定出保护环境，持续降低二氧化碳排放量的解决方案。

各汽车厂商为了达到零排放法规、新能源汽车规定、企业平均油耗等具体的世界标准的"最低标准"，正在不断探索对自己公司而言最佳的动力系统组合。如果考虑在出行服务平台普及电动汽车，那么可以客观地预测在 2030 年能实现电动化。

本书的预测是根据 2030 年的主要市场中企业平均油耗、零排放法规和新能源汽车规定来推测的，验证满足了规定的动力系统组合。欧洲的 CAFE 规定在 2030 年的最终目标为 68 g/

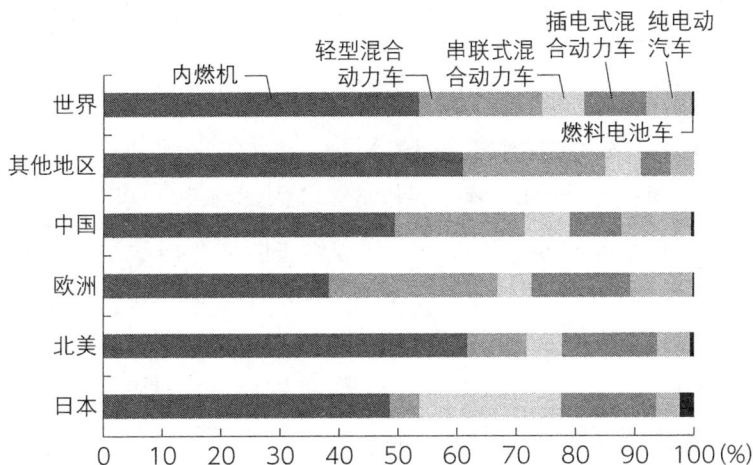

图 7 - 3　2030 年各地区动力系统组合的预测

资料来源：中西汽车产业研究所

km，日本的油耗目标为 75 g/km，中国 CAFC 为 74 g/km，美国
CAFE 为 110 g/km。中国和美国的 10 个州分别把新能源汽车
比例达到 34％和零排放汽车比例达到 32％作为先决条件。假
设出行服务平台车辆的近一半是电动汽车，剩下的是各种动力
系统组合，笔者作出如下预测。

在 2030 年的日本、欧洲、中国的汽车市场中，纯电动汽车的
占比将会达到 7.8％。算上 0.4％的燃料电池车，零排放车占比
8.2％。最受瞩目的混合动力车占比 38.5％。其中，插电式混
合动力车占 10.6％，串联式混合动力车占 7.1％，轻型混合动力
车占 20.8％。电动汽车占总体的 46.6％，只靠内燃机提供动力
的汽车占总体的 53.4％。

这里的预测值远远低于上述各机构的猜想。但是并不能说
纯电动汽车接近 8％的比例是悲观的看法。因为这是以排除原

材料的供给限制的影响为前提得出的结论，现实中可能会比预测的数值更低。

这样一来，就产生了重大的问题。为了遵守巴黎协定的条约，将温室效应控制在提高 2℃ 以内，必须在 2050 年之前减少相当于现在 80％ 的二氧化碳排放量。因此在 2050 年之前，必须将行驶中不排放二氧化碳的零排放车的比例提高到 60％ 以上。如果到 2030 年只停留在 8％ 的水平的话，那么必须清楚认识到要将温度控制在提高 2℃ 以内的计划是异常艰难的目标。

为了有效推动电动汽车的普及，被称为"全固体电池"的高质量能源密度的下一代高功率电池是不可缺少的。2030 年之后可能会进入电动汽车量产时代，但为了地球环境，无论如何都必须全力完成早期目标。

披荆斩棘的下一个 10 年

在下一代电池成型之前，需要寻找最佳动力系统组合，在提升发动机效率的同时，踏实地推动汽车产业的发展。

到 2030 年，即使宣称"电动汽车时代已经到来"，使用内燃机的汽车的比例仍将会高达 90％。因此不断提升发动机效率、研发混合动力的技术，将会在今后长期占据重要地位。

棘手的问题是，世界各地区之间动力系统组合的结构比例有巨大差异。虽然笼统地将它们称为电动汽车，但是欧洲和日本的是小型往返车，中国的是低成本电动汽车，美国的是长距离驾驶汽车。如此一来，汽车的尺寸和成本就出现了很大的差别。想兼顾更新现有的发动机与开创出新的复杂的电动汽车这两方面的话，就意味着研发、评价、检查的压力将会以指数级增加。

正因如此,角逐就变成了汽车厂商之间的长期耐力较量。为了减轻负担,整合动力系统组合的机种数量自不必说,在此基础上利用企业之间的合作同盟,互补地完善动力系统组合是非常有必要的。

综上所述,如果说人工智能这一技术革新带来了出行上的自由,那么电动化就是实现永久自由的终极技术革新。但是,电动化的道路上有着各种阻碍,必须有足够的技术突破才能最终实现。电动化是开启汽车产业下一个一百年所面临的重大课题,必须为之全力以赴。

第四节　中国新能源汽车战略的真相

新能源汽车战略的背景

中国新能源汽车政策的开端是 2001 年开始建立的被称为"三纵三横"的新能源汽车基本技术体系。从 2012 年起,推进新能源汽车被作为产业政策,刚开始的时候举步维艰。但 2015 年的"中国制造 2025"战略成为一个转折点,中国产业政策初见端倪。中国政府通过投入大量的补助金、免除汽车消费税、优先分配新能源汽车专用牌照等措施,逐渐扩大了新能源汽车市场。

中国的新能源汽车市场在 2015 年还只有 33 万台,2017 年却倍增到了 77 万台。根据 IHS Markit 统计,世界新能源汽车市场内(137 万台)中国的市场占有率达到 57%,在 2018 年增加到 105 万台,到 2020 年很可能增长到 180 万台。中国政府则表示新能源汽车的产销量将在 2020 年达到 200 万台、2025 年达到 700 万台、2030 年达到 1 900 万台,笔者认为,完成这样的指标是比较困难的。

　　新能源汽车市场之所以能够顺利发展，完全是靠"政府需要"的支持。占 2017 年新能源汽车产销量 13％的电动公交车是依靠政府补助的支持，占产销量 19％的是用作物流的小型商务车。占产销量 40％的新能源汽车需求是 A00、A0 级的小型电动汽车，由提供出行服务的地方企业支撑。其余的 15％是私家车和出租车的 A、B 级汽车，13％是以个人持有为主的插电式混合动力汽车。

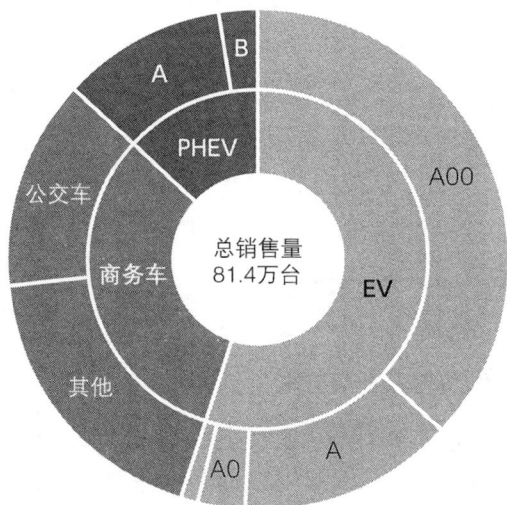

注：A00：日本标准的微型；A0：普通型；A：低端车；B：中端车；C：中高端车。

图 7－4　中国各类新能源汽车的销售结构

资料来源：中国汽车工业协会、中西汽车产业研究所

　　购买这些私家车的人，主要是看中以城市为中心的新能源汽车专用牌照。在北京抽中车牌的概率只有 0.05％，富裕市民只有靠买电动汽车来寻找出路。然而，一般消费者中很少有对新能源汽车进行认真评估后再购买的。行驶距离短以及充电设

备不便利这两方面的顾虑,造成人们对购买电动汽车犹豫不决的现状。

2020 年是决定性的一年

之后讲的是构建繁复的法规结构体系,让我们从正确认识中国的环境法规开始。首先是双积分管理办法。2018 年中国开始实施合并了 CAFC(企业平均油耗,中国版 CAFE)和新能源汽车的双积分制度。该制度有两个目标。

第一,在 CAFC 开展过程中,激励电动汽车等新能源汽车的生产。第二,对于新能源汽车的产量,通过政府奖励交易新能源汽车积分,来刺激提高新能源汽车的供给能力。简单来说,就是以积分为基础,政策从依赖补助的需求侧,向供给侧改革。可以形成从产量提升、零件成本下降、新能源汽车的商品性能提升,到价格下降、引起需求的循环。

因此,在了解新能源汽车之前,必须先了解 CAFC。它的结构和一般的油耗法规相同。企业平均油耗指标预期从 2015 年的 $6.9 \, \text{L}/100 \, \text{km}$(约 $160 \, \text{g/km}$)调整到 2020 年的 $5.0 \, \text{L}/100 \, \text{km}$(约 $116 \, \text{g/km}$),到 2025 年至 $4.0 \, \text{L}/100 \, \text{km}$(约 $93 \, \text{g/km}$)。超额完成油耗目标的话可以得到 CAFC 积分,未达标则得到负积分。

CAFC 积分不足的厂商必须从本集团公司处得到转让的 CAFC 积分,或者从其他整车厂商购买新能源汽车积分。CAFC 积分只在同集团内的关联公司之间可以转让,并且不能交易。

看上去像一个复杂的游戏规则,但要点是 CAFC 积分不足可以通过购买新能源汽车积分补充,但是反过来不行。可以这么说,加强 CAFC 法规就能促进新能源汽车的生产。

企业平均油耗目标

(g/km)

6.9 L/100km
(160 g/km)

5.0 L/100km
(116 g/km)

4.0 L/100km
(93 g/km)

3.2 L/100km
(74 g/km)

2015　2020　2025　2030 (年)

新能源汽车积分的要求比例和补助削减计划

(%)　　　　　　　　　　　　　　　　　　(%)

补助(左轴)

新能源汽车积分要求
比例(右轴)

16

10　　12　14

8

0

2015　2016　2017　2018　2019　2020　2021　2022 (年)

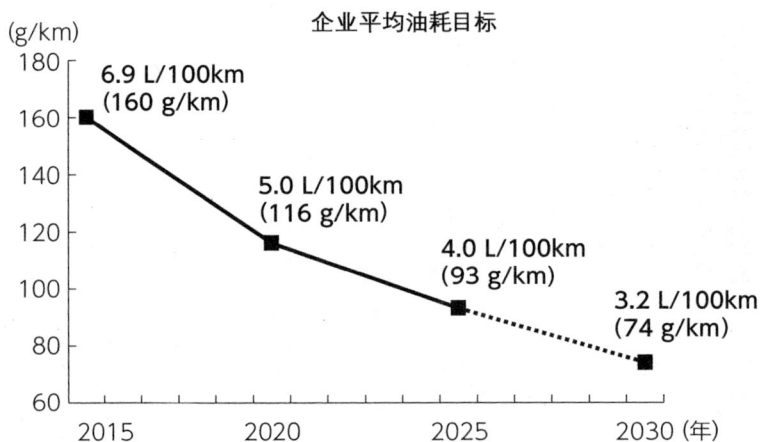

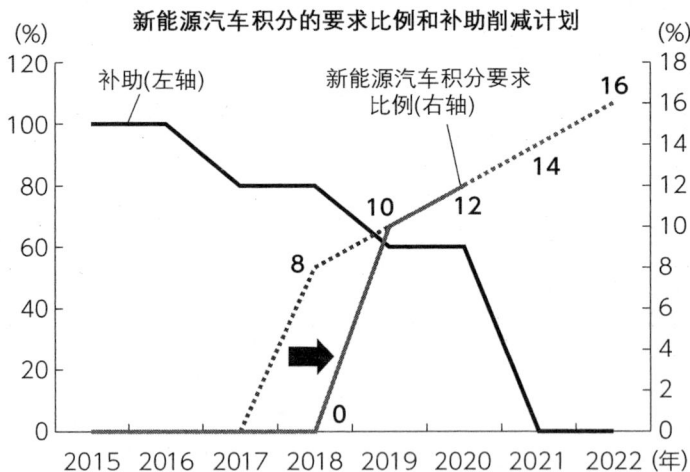

注：补助是令 2015 年＝100％，用指数来表示的。

图 7-5　企业平均油耗和新能源汽车的两个法规

资料来源：中国工业和信息化部、中西汽车产业研究所

182

新能源汽车法规从 2019 年起实施 10％的积分要求,然后在 2020 年提高为 12％,2021 年以后根据发展情况变化,很可能平均每年上涨 2％。

举例来说,厂商生产 100 万台汽车的话,2020 年的积分要求是 12 万。这里省略了过于复杂的积分调整系数,意思是每生产一台电动汽车就能得到 2～5 积分,生产一台插电式混合动力车获得 2 积分。只生产电动汽车的话需要生产 2.4 万台(12 万积分÷5),只生产插电式混合动力车的话需要生产 6 万台(12 万积分÷2)。如果两种车各生产一半的话只需要生产 4 万台新能源汽车就能完成积分要求。

如果自己公司有多余的新能源汽车积分的话,可以通过市场卖给其他公司。虽然法规中禁止新能源汽车积分在集团内部转让,但是实际上可以在集团的企业内部进行融通。而且各集团内部很可能已经使用了这种方法。此外,虽然 2019 年起开始实施新能源汽车法规,但是不会对当年未达标的企业进行罚款,而是根据 2019 和 2020 年的合计值来判定,所以有弥补的机会。

其中值得注意的是,这里是根据"生产数量"计算积分,而不是"销售数量"。因为这一点,经常会产生误解。积分是由生产数量提供的,生产的量未必能全部售空,此外实际生产和销售的时间点也未必匹配。新能源汽车的需求者大多数是租赁车和出租车等出行服务的企业,有时汽车厂商也会将剩余库存卖给这些企业。

实际上,很多中国企业没能意识到 2020 年新能源汽车的积分要求所带来的挑战。以上汽为例,1 年 200 万台的产销量,按新能源汽车要求的 12％计算,就需要 24 万积分。每台 4 积分的话,需要生产 5 万台以上的新能源汽车。在中国,上汽有大约 1 500 个门店,每个门店每月只要卖出 3 台的话就能完成 5 万台

表 7－2　双积分的结构

	CAFC 积分	新能源汽车积分
对象	供给数量超过 2 000 台的厂商	供给数量超过 3 万台的厂商
考核标准	超过各年的标准 2019 年 5.5 L/km 2020 年 5.0 L/km	相对生产数的比率 2019 年 10% 2020 年 12%
集团内部转让	允许	禁止
市场交易	禁止	允许
延期	3 年 有折扣	1 年 有折扣
弥补规则	新能源汽车积分可以弥补 CAFC 积分不够的部分	

注：CAFC 积分＝（企业平均目标值－企业平均实际值）×台数
资料来源：中国工业和信息化部、中西汽车产业研究所

的新能源汽车生产指标。上汽的新能源汽车积分很可能有剩余，可能会将多余的积分融通给集团合资公司通用汽车和大众汽车。

重要的电动化相关零部件市场

讨论世界的电动化趋势时，决不能无视其最大市场——中国的新能源汽车市场的动向。中国把新能源汽车当作国家产业战略推进，这和欧洲想要解决环境问题的目标是一致的。欧洲的汽车厂商和供应商想把中国市场打造成能产生利润的市场，但他们利用中国和欧洲的政策，完成了自己的电动化战略，并且还想获得更多利润。

搭载戴姆勒的"EQC""EQA"、大众汽车的"ID""IDCROZZ"、奥迪的"e-tron"、宝马的"i5"等大型电池的全球电动汽车专用平台的新型电动汽车，将从 2019 年开始到 2020 年

为止,被投放至中国市场。将这样的世界战略商品投入中国市场,扩大销售,意图提早收回初期投资,欧洲的目标明显是为了争夺世界电动汽车的优势地位。

在车载电池市场中,通过国家层面顶层设计和部署,诞生了宁德时代新能源科技这一大型电池厂商。2017 年宁德时代在中国的电池出货量达到了 12 GWh(千兆瓦时),超过中国比亚迪的 10 GWh 和松下电器的 9 GWh,夺得第一。

2017 年宁德时代电池的平均生产成本是 910 元(约 1.5 万日元)/kWh,虽然高性能电池的生产比例更高,但是平均生产成本比竞争对手比亚迪的 1 000 元/kWh 低 10%。这是因为人工费用效率和成品率很高。

宁德时代的一大特征是建在福建省的宁德市。当时的地方政府计划把 20 世纪 80 年代后发展茶田的贫困地区宁德,建设成世界首屈一指的电池工业城市。原本作为日本 TDK 子公司的 ATL,在中国政府的关心下,将车载电池产业分离出来,加上了代表"现代"意义的"Contemporary"中的首字母 C,在 2011 年作为中资企业的 CATL 正式诞生。宁德时代形成了拥有 13 000 名员工的企业小城区,在占地面积巨大的研发设施中有 3 400 名研发人员,形成了全体员工研发和生产高品质、低成本电池的生态系统。

重要的是,宁德时代决定在 2021 年前,在德国图林根州建设能生产 2 GWh 电力的新工厂,作为供应商提供给宝马、大众、戴姆勒、PSA、捷豹路虎等企业。欧洲汽车产业的电动汽车战略目标必须确保电力供给。新工厂可以提供充分的电力供给。

博世、德国大陆集团、法雷奥等欧洲供应商的战略中也有引人注目的亮点。在牵引电机系统(e-Axle)、48V 轻型混合动力车等今后的欧洲市场中必定推广的新技术研发方面，欧洲与中国新能源汽车市场进行合作，希望回收研发成本，确立规模优势。

牵引电机系统是继发动机、变频器、减速器单元化后，面向电动化的通用产品。在牵引电机系统中，博世和日本电产是值得关注的企业，它们在量产研发和实地供给的体制结构领域中一马当先。将牵引电机系统和宁德时代的电池组合起来的话，可能更容易实现比传统内燃机汽车具有更高成本竞争力的电动汽车，这种车与和出行服务相关的低功率的电动汽车市场相适性很好。

博世的牵引电机系统具有可扩展性，功率为 $50\sim300\ kW$，扭矩为 $1\,000\sim6\,000\ N\cdot m$，重量为 $90\ kg$，属于轻量型。博世目前正在修建驱动发动机的新工厂，预计 2019 年开始发货。在 2018 年的北京电机展上亮相的日本电产与之相竞争的商品，最大功率为 $150\ kW$，扭矩为 $3\,900\ N\cdot m$，重量为 $83\ kg$，比博世的牵引电机系统轻 10%。日本电产投资了 300 亿日元，在通用汽车和大众汽车等公司聚集的浙江省平湖市建设驱动电机的新工厂。日本电产以世界驱动电机的 50% 市场占有率为目标，计划 2025 年之前销售额达到 1 000 亿日元。如果将牵引电机系统以 15 万～20 万日元的水平投入市场，2025 年前电动汽车很可能降价 10 万元左右。

和电动化相关的零部件市场是世界供应商的必争之地。博世、大陆集团、雪佛兰、天合等德国势力，与法雷奥、玉环博格瓦纳等组成世界一级供应商，建立了电动化零部件的供给体系。日立自动化系统、松下、日本电装等日本国内一级供应商也关注着电动化相关产业。中国作为电动化相关零件的重要产地，受到了世界与日俱增的关注，如果能把握住这一潮流，有可能一举成功。

第五节　野心与现实之间——
电动汽车的风险预估

电动汽车的五大难关

电动汽车普及中有 5 大问题：

（1）基础设施建设；

（2）原材料的供需平衡；

（3）电池成本；

（4）不稳定的二手车价格；

（5）电池的更新换代。

这些问题一直被诟病，但也只是不断重复相同的观点而已，目前依然没能得到解决。笔者就当前电动汽车普及中的难题进行说明，以此来结束这一章。

基础设施建设包括发电供电的基础设施和充电设施两个方面。欧洲大陆内部可以跨越国界，因此电力融通相对便利。但是电力不足对英国、美国、日本来说却是一个严重的问题。以用户通常在晚上充电为前提，给 100 万台电动汽车充电需要 1 个大型火力发电厂提供的几百万千瓦的电力。此外，如果用 50 千瓦时的快速充电器给这 100 万台电动汽车充电的话，发电供电设备必须按照高峰时期的电力需求设计，因此非常困难。

电池原材料的供需平衡将在 2020 年成为严峻的问题。电池材料中，供需平衡最不稳定的就是钴。因为钴的区域分布非常不均衡，一半以上都是由国家风险较高的刚果民主共和国开采的。

根据联合国儿童基金会的数据，刚果有 4 万名儿童参与钴

图 7-6 政局不稳的刚果民主共和国钴矿山严重损害人权

资料来源：路透社、共同社

的开采，工作环境恶劣到被视作人权问题。

据说钴的全世界储量是 710 万吨。假设在 2030 年生产了 1 000 万台电动汽车，用标准单位计算就需要 17 万吨钴。2017 年已开采了 11 万吨，如果不能大幅提高供应量，供需平衡就会被破坏。那些方便开采的矿山已经开发完毕，如果深入挖掘的话就会遇到重大困难。即使顺利开采下去，40 年后钴也会枯竭。从供需平衡的角度来看，锂的情况更为严峻，很可能在 2025 年前需求就会超过供给。

电池成本的问题涉及方方面面，这里只能忍痛割爱，省略不表了。

电动汽车的二手车价格也是棘手的问题。电池性能因为使用频率和反复充电放电导致的老化会出现巨大的差异，因此电动汽车的二手车价格变动幅度比汽油汽车更大。正因为二手车价格不稳定这一背景因素,相比私家车,电动汽车和出行服务平台的相适性更好。关于二手车电池的跟踪性(跟踪技术)、评价系统、回收系统等技术还不完善,应当准备好相应的对策来预防激增的二手车电池所导致的社会问题。

对电池更新换代的期望,会妨碍早期电动汽车的普及。电池技术每 10～20 年会迎来一次飞跃。日本新能源产业技术综合开发机构(NEDO)的资料显示,2020 年锂电池质量能源密度将达到 250 Wh/kg,2030 年之后的广泛普及时期,全固体电池将达到 400 Wh/kg,未来的空气电池可能会达到 1 000 Wh/kg。空气电池姑且不论,实现全固体电池的目标还是很有希望的。有可能 10 年后进入到下一代,也有可能电池厂商从某时期开始减少追加的投资。因此电池供给过剩的情况几乎不可能。

欧洲能销售混合动力车的原因

在深受大众柴油车丑闻影响的欧洲市场,丰田的混合动力车大卖。2017 年欧洲混合动力车的销售量达到了 40 万台,占汽车销售总量的 43%。

欧洲接受了柴油机时代的结束,无可厚非地选择了丰田的混合动力车。在此背景下,要放弃柴油机,并享受低油耗的汽车税减免的好处,就只有选择混合动力车。因此柴油机汽车的剩余价值(二手车价格)下降,转为通过长期租赁的手段,大幅提高了混合动力车的价格竞争力。

随着城市的乘车法规和交易制度的不断发展,柴油机汽车应该会加速剩余价值下降的趋势。欧洲对丰田的混合动力车来说,是能实现最理想价格的市场。相比柴油机时代,混合动力车比汽油汽车的价格高出了 20 万日元,这给丰田带来巨大的利润，并且这一市场还在不断扩大。虽然也有竞争对手失误的因素，但混合动力车已在欧洲市场扎根，丰田的战略取得巨大成果。对于想尽快从柴油机向电动汽车转型的欧洲汽车厂商来说，丰田的混合动力车竞争力不断增大的现象意义深远。

柴油车可能不会消亡

德国总理默克尔在法兰克福车展上，提出了同时投资改良柴油车和电动汽车的"两手准备"。此外，对于禁止乘坐柴油车的城市政策，为了避免直接禁止行驶，她准备了 10 亿欧元（约 1 300 亿日元）的减排预算，推行保护柴油车的政策。考虑到德国产业和就业政策，以复活柴油车为目的的政策需要慎重决定。

"柴油车是有未来的。我们今天就要给柴油机技术终结的言论画上休止符。"

2018 年 4 月，出现了这样惊人的发言。博世的 CEO 德纳在年度记者报告会上发表了划时代的新一代柴油机技术。一旦实现该技术，柴油汽车就有可能死灰复燃。汽车每行驶 1 km 的排放量将减少为 13 mg。该数值是现在欧洲汽车排放油耗标准（Euro 6d）的 168 mg 的 1/10。不仅如此，德纳发布了目标：研发利用人工智能技术将尾气（除二氧化碳外）完全净化的内燃机。

"短期内内燃机巨头们就会开始反击。今年（2018 年）的维也纳电机研讨会将完全是柴油机盛典。去年是电动汽车，但是现在终于轮到德国三巨头的时代了。"

国际发动机专家清水和夫称，柴油车很可能死灰复燃。

旧款的柴油车禁止在欧洲城市中行驶，的确给人一种末路的感觉,但这也不失为一种新的尝试。如果旧款的柴油车从道路上消失真的能够减少氮氧化物的数值的话,就证明了新款的柴油车不会污染环境。欧洲的环境政策注重事实,有可能旧款柴油车购买制度和新款柴油车的促销政策会发生改变。

第八章
支撑 CASE 革命的制造革新

第一节　硬件大浪潮后袭来的软件浪潮

硬件大浪潮

至此,我们论述了汽车产业面临的革命性未来蓝图。毫无疑问,CASE 革命会成为汽车产业诞生以来的大规模革命性变化。通过目前的分析,可以明确其拥有如同三颗陨石(网联化、智能化、电动化)碰撞出巨大的陨石坑一般,能激发地球汽车价值的爆发力。未来,汽车将会成为社会的装备,最终达成构筑智慧城市的目的。这是规模大到足以使得社会整体价值发生变革的故事。

这样的变化,是作为一瞬间的革命性事件发生的,还是具有长时间持续的过渡期呢?根据已有结果来看,虽然对企业活动和市民生活造成了显著影响,但这个过程仍然很难说清楚。

基于在第四章和第七章花了大篇幅展开的 CASE 革命的4 个趋势的分析和讨论,汽车产业复杂而漫长的过渡期将会长期存在,同时私家车和出行服务这两种不同特性的商品可以双管齐下。我们可以得出一个结论,汽车不会如同智能手机那样以戏剧性速度进化,产业结构也不会发生革命性变化,更不会轻易地转为日用品工业。当然了,总有一天会发生变化。

对作为制造业的汽车产业来说,要经历一个漫长的过渡期就意味着有大好机会。在面向 2030 年的 CASE 革命中,从零部件件数、汽车重量到构建理论与实践的结构,汽车产业要经历激烈的变化,其复杂程度是前所未有的。汽车产业以制造为基础的这一特性一旦发生变化,就要被迫掌握面对复杂流程的应对能力。

试着想一下在 2023 年投入市场的汽车,将拥有实现互联网连接的通信模块、V2X 车载器、新的多媒体机器、实现第 2～3 级自动驾驶的激光、毫米波雷达、摄像机等传感器以及驾驶者状态监视器等人机界面机器、能实现 80 g/km 二氧化碳排放量的发动机、变压器、发动机控制机器以及控制这些的电子控制单元等,是满载了硬件的汽车。

在第 2 级自动驾驶汽车中需要 5～6 个传感器,到了第 3 级则要增加到 15～20 个,而面向出行服务的 GM Cruise 会用到 40 个。半导体群、电子控制单元、电子线束等电子零件也会随着传感器数量的增多而增加。更麻烦的是,对于在系统故障的情况下也能安全操纵的故障安全防护装置,必须进行双倍投资,也有必要将发动机增加近一倍,辅以蓄电池。如果无止境地增加零件数量,将使汽车变得更重,卷入到硬件所带来的大浪潮中。

软件浪潮

第一章已经说明,现代汽车光靠硬件是无法行驶的。汽车通过控制操作系统零件(促动器)的电子控制单元来进行软件协作以发挥功能,并将控制"驾驶、转弯、停车"复杂地结合起来。

如果汽车上事先搭载的数十个系统，都像这样复杂地汇总起来，就不得不进入到 CASE 革命的过渡期。

预估位于电子控制单元的核心部位的软件，将迎来爆发性的增长。到了 2020 年，也许编入汽车电子控制单元软件中的总程序数量将从现在的数千万轻松跃至一亿。到了 2025 年，将达到数亿。也就是说继硬件大浪潮后，汽车产业将会再次被软件浪潮所吞没。

在不远的将来，联合汽车操纵域的新型软件的控制能力变得很重要。虽然目前可以通过将电子控制单元整合起来的大约 5～6 个域来实现联合控制，但应对 CASE 革命需要连接各个域的复杂控制。以连接和空中下载技术中得到的数据和各种各样的车辆传感器信息为基础，高级驾驶辅助系统和自动驾驶软件发出汽车的操控指令，同时必须向车身操控、动力传感系统操控、人机界面操控等发出联合指令。现在的操作域是软硬件以分散的形式来实现操纵，维持在这些域中的软硬件，已经超越了电子平台要求的极限。这个电子平台，就是让各种各样的电子零件连接起来，有效地综合控制车辆整体的电子领域的理论体系结构，就好像是在建造房屋时地基那样的存在。预计未来汽车产业将会重新评估体系结构，向着新的联合控制进化方向摸索。为了实现这些联合控制，构筑下一代的"电子平台"是不可或缺的。

受到硬件和软件大浪潮的影响，汽车产业似乎发生了意料之外的大规模变化，诞生了能够超越域而实现控制的新"电子平台"。为了控制增长过多的硬件，让软件和软件连接起来的综合操控可能会成为新的竞争领域。对汽车制造商和大型供应商而言，描绘此大型设计，整理场景，然后落实于设计图，最后确立量产技术,这些确立汽车最重要的可靠性的能力不过是冰山一角。让汽车变得像智能手机一样,是无法想象的虚幻。

第二节　汽车产业的三大课题

战略伙伴和量产伙伴

对于 CASE 革命而言,很重要的一步是构筑与新的汽车价值相适应的 CASE 时代的"制造"基础。为此,在整理问题的基础上,也不得不找出相应的解决方案。汽车产业直面的三个课题是:

(1) 研发流程的再构建;

(2) 构建下一代电子平台(新体系结构战略);

(3) 确保传统商业的长期收益性。

受到环境限制和安全限制的汽车产业的传统研发必要条件,似乎正处于即将崩溃的状态,无论有多少研发资源都难以满足。必须同时应对 CASE 即应对重要技术、时间轴、研发伙伴这些不同的研发要求。

为了打破困境,需要对研发流程本身进行变革,这其中包含了改变流程管理和改变与各供应商的关系这两方面的想法。从供应商的角度来说,就是要重新审视一级供应商的传统职能。

就像序文中所述,传统的汽车产业所形成的结构是,汽车制造商站在金字塔顶点,提供零部件的供应商是作为一级供应商、二级供应商、三级供应商、四级供应商以此类推下去的金字塔形。利用具有重要职能和强大研发能力的一级制造商的领域扩张,对于战略伙伴和量产伙伴的动力提升会有显著效果。

汽车制造商让它们的战略伙伴加入到位于车辆研发上游的

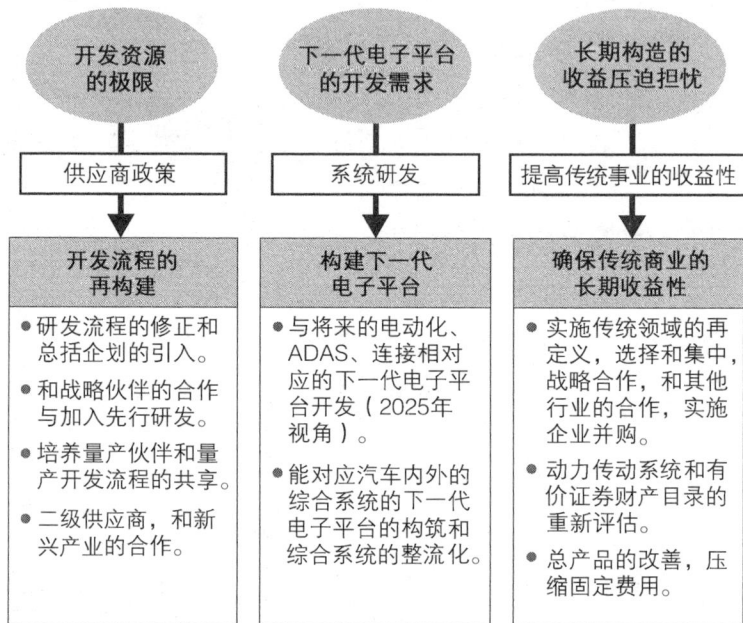

図 8 - 1　CASE 时代的"制造"基础强化

资料来源：中西汽车产业研究所

先行研发的一级制造商，共享研发流程，是为了减轻研究开发的负担，是从确定规格必要条件的早期阶段开始，以共同研发为根本来实施。汽车制造商站在制作人的立场上，确定实行整体企划和必要条件，同时战略伙伴推进体系结构的设定和模块的要求性能等的落实工作。期望能活用一级供应商在缩短流程、提升研发效率、系统支持等方面的知识。汽车制造商可以将研发余力放在 CASE 对应的前端先进技术的研发和上游的项目构想中。

就像戴姆勒和博世、宝马和大陆一样，目前欧洲的形势是已经迈入了在先行领域和战略伙伴共同研发的早期阶段。丰田也自 2012 年开始,与日本电装和爱信精机等一级供应商不断扩大合作,共同致力于先行研发的案例。丰田与电装的战略伙伴关系所展现的作用也变得更有分量。

战略伙伴可以得到向综合系统供应商脱胎换骨的机会,创造出将"行驶、转弯、停止"这三个汽车的基本功能综合地控制起来的研发能力和知识。战略伙伴被培养成能创造汽车整体价值的一级供应商和图 8-2 中标记为"0.5 级供应商"的种子选手。特别是在将自动驾驶技术实际装载在汽车上之后,战略伙伴开始掌握不可或缺的信息技术。

量产伙伴指的是和汽车制造商一起,实施以具体的必要条件和规格为基础的量产研发的一级供应商们。虽然量产伙伴从概念上来说和以往的一级供应商一样,但因为汽车制造商能判断供应商的能力,所以量产伙伴需要应对性能要求完成度高的模块和量产技术。

越是不断意识到以前的系列交易和份额分割的订购方式不再,汽车制造商越是没有余地。汽车制造商为了减轻研发负担,促进对 CASE 的应对,就不得不强化与有能力的一级供应商的合作伙伴关系。仅能发挥零件汇总作用的一级供应商们,会面临失去订单和附加价值降低的风险,很有可能会掉落到 1.5 级供应商。

模块设计和电子平台

为了能得心应手地将战略伙伴和量产伙伴区分开,使其效果最大化,汽车制造商有必要重新审视研发流程。对于提高流程的效率,即使是稍稍改善与上游关系和先行研发课题相关的时间也是很有必要的。一般来说,汽车研发费用中,理想的"研

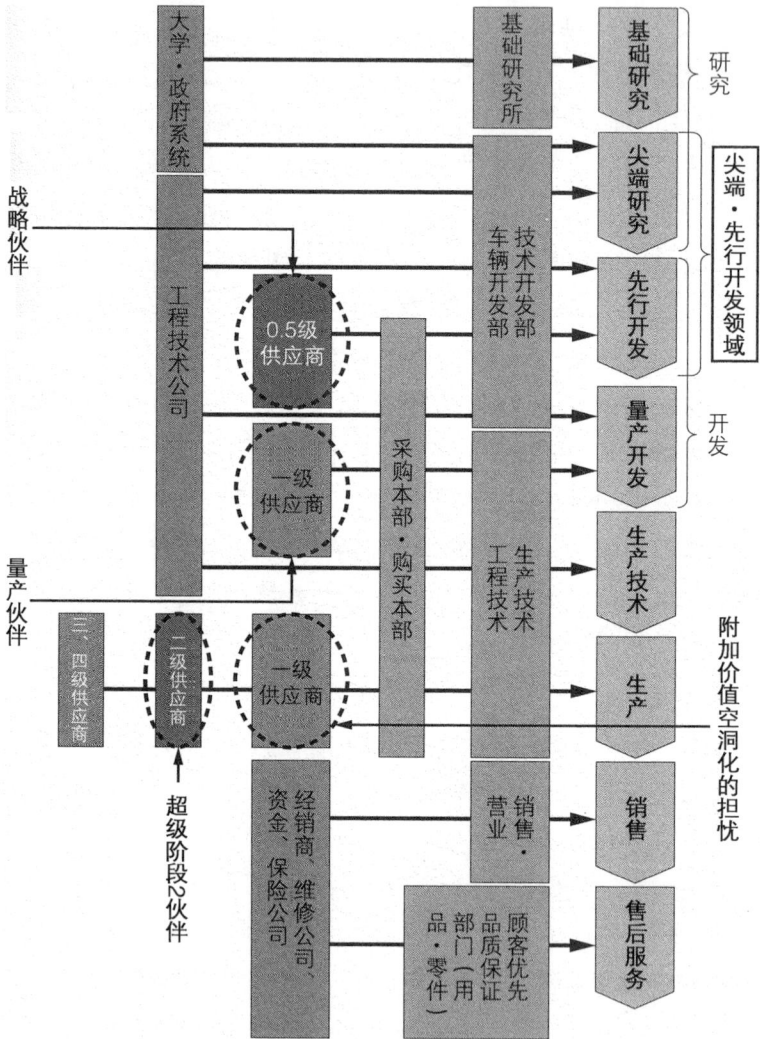

图 8-2　CASE 革命的制造方面供应商的职能变化

资料来源：中西汽车产业研究所

究"和"开发"占比是 3∶7。而从今以后,为了能尽快推动 CASE
应对,就不得不增加研究和先行研发领域的流程占比,为此要重
新审视研发流程。在 CASE 时代来临之际,实施流程分配是迈
向胜利"制造"的第一步。

欧洲制造商在重新审视研发流程方面先行一步,开始大胆
地将从中产生的余力转换到应对 CASE 上。在这里诞生了两
大领域,分别是模块设计和电子平台。

让我们再来回顾一下关于车辆设计的基本要点,汽车虽然
是由多达 3 万件以上的零部件组成,但是锁定组合模型的基础
是"平台"(底盘),零件和零件间的连接缝隙叫作"接口"。把这
些零部件结合在一起的概念叫作"体系结构"。汽车设计流程就
是从传统的平台设计进化到模块设计。

模块设计就是抛弃规格方面的模仿,制定瞄准只有必要功
能的体系结构。平台分为可变部分(基于模型的可变更区域)和
固定部分(超越了车种的共通领域),包含了内置的构成零件的
固定部分的平台,就好像分蛋糕一样,以互换性高的模块为单位
来进行设计。

模块设计以大众的"MQB"和雷诺日产的"CMF"为代表,简
单来说就是像组装乐高模型一样,完成一台车辆的设计流程。
因为模块设计能够共享,超越车型的限制,因此提高了研发效
率,实现了零件的共有化。模块设计可以说是为了在车体上落
实硬件和软件的结合所构思的体系结构。

而第二个电子平台领域,则是电子控制单元控制的电子控
制集合设计的概念,是理论上的体系结构。通过上述的汽车开
放系统架构来构建标准化平台,欧洲制造商先行研发了电子控
制系统架构的电子平台。在基本软件研发中,Vector 是压倒性

的存在，大陆集团在 2015 年花了 6 亿欧元收购了芬兰的伊莱比特的汽车事业部，和将嵌入式系统开发公司 ETAS 收归旗下的博世一同遥遥领先。

德国企业通过推动汽车开放系统架构的标准化，能产生对抗日本极致的精细制造的竞争力，展开在模块设计和电子平台中卷入中国市场的欧洲制造标准。这当然是利于欧洲制造商和欧洲供应商的体系。这个战略将把在下一节中详细说明的下一代电子平台的构筑和软件硬件的分离理论联系起来。

在重新审视研发流程方面模块设计和电子平台是重要的发展趋势，其中最难的是决定重要功能，如果这里出错了，就会前功尽弃。欧洲一级供应商的电子研发控制能力和欧洲汽车制造商的制作能力如果团结一致，将产生很大的成果。

赚取传统产业利润的强大平台

日本制造商在传统的量产研发流程中精益求精，整体上说，粗略的计算方法是主流。因为研发后期，太多的工序集中在一起，研发效率会变低。能够成熟应对这些问题的"咨询支援中心"这样的一级供应商的公司一直支撑着任性的母公司，即汽车制造商。

最好的例子非本田莫属，在研发流程的最后阶段，实力演绎了"乱来"。但是即使是这样的本田，也在 2017 年开始引入致力于统一企划、体系结构的定义、电子平台、模块设计的"SED2.0"，到 2020 年预备事先在下一阶段引入"思域"。本田从 2012 年先行研发导入了致力于统一企划、模块设计的"丰田新全球架构"（Toyota New Global Architecture，以下简称"TNGA"），这个策略将迎来新的 TNGA 二代阶段。

如果不在前工序阶段这个研发工程高峰期改变研发设计的话，就不能解决研发资源紧缺这一迫在眉睫的问题。实现大型供应商和战略伙伴的力量最大化，提高汽车制造商的研发效率，这对于加速应对 CASE 革命是不可避免的。

希望各位意识到，提高传统汽车业务的基本收益率，转换成稳定的可以应对 CASE 革命的收回资金的产业基盘，在 CASE 革命业界以及不同行业的竞争中，都是为获取竞争优势极为重要的课题。

为了顺利推进面向 CASE 基盘构造的投资负担，配合需要花费时间等待收益的物联网产业和出行服务产业，汽车产业不得不把传统汽车业务的效率提升到相当于 2025 年的水准。可以预想到在那之后，没有剩余价值的出行服务车辆和成本高的电动汽车、自动驾驶或配备高级驾驶辅助系统的车辆的收益性会大幅度下降。

此外，还必须积极推进发动机组合的重新评估。如第七章中所指出的，电动化发展在不同地域的动力系统组合的构成上也存在较大差异。要同时满足已有发动机的更新和新增的复杂电动化这两方面，就意味着研发、评价、检查的负担会呈指数型增长。一方面不可避免地要用体力一决胜负，另一方面又想通过利用动力系统组合来避免体力上的消耗。当然整合动力系统组合的机器种类数量是必需的，但是通过利用合作同盟关系来促进动力系统组合的完备，有更高的必要性。

戴姆勒和大众等公司开始缩小发动机组合，把 V 型发动机从阵容中排除，雷诺-日产-三菱联盟通过同盟来加速发动机的相互使用。通过促进一级供应商的联合作业，有可能在汽车制造商中打开牵引电机系统和混合动力系统的销路。这似乎孕育了让人出乎意料的巨大的市场潜力。

第三节　从电子平台到综合控制系统

遗产系统和电子平台

就像前面所说的，现代汽车通过电子技术来控制各个零部件以实现各种功能。传感器把从中心获得的信息，传送到作为"大脑"的电子控制单元中进行计算，再把结果传达到被称为促动器的可动部位中进行操作，这就是被称为电子机器组群的系统。

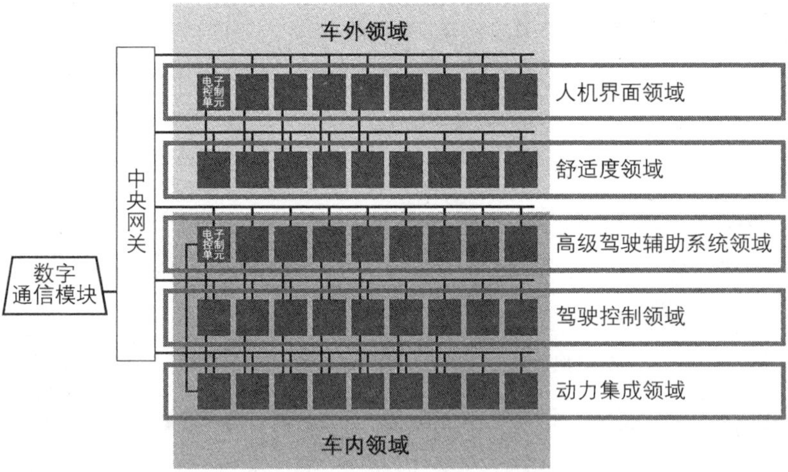

图 8-3　电子平台的整体结构

资料来源：中西汽车产业研究所

结果就是，连接电子控制单元的传感器通过网关变成了细长管状。就像反复进行扩建的旅馆那样，成为"本馆""新馆""别馆""特别馆"这样具有复杂构造、走廊交错的东西，可能连自己身在何处都不知道。这样的状态被称为汽车的遗产系统状态。为了解决这个出现的问题,由宝马和博世主导研发出了汽车开放系统架构。

真正构建汽车开放系统架构的阶段终于到来了。汽车开放系统架构,是制定车载电子控制单元标准规格的欧洲所主导的法定标准。2017 年发布了适应性汽车开放系统架构,这一架构作为未来自动驾驶控制的应对措施,开始进入人们的视野。

通过汽车开放系统架构,可以统一现在的电子控制单元群,然后把决定功能的 5~6 个群组成一个域进行管理,也就是说由原本的旧旅馆变成了现在 6 层大楼建筑的新旅馆,这种理论设计(体系结构)可以被认为是"电子平台"。

过去,汽车制造商虽然理解了电子平台的重要性,但是在制造商之间互相配合这件事上仍然存在着不同态度。即使引入了精致的电子平台,却难以变成使用者肉眼可见的价值。即使提高电子系统研发的效率具有很大的好处,所投入的艰辛与产生的好处却并不平衡,汽车制造商的判断就因此产生了分歧。但是,因应对 CASE 革命的必要性所迫,积极构筑电子平台并使其高度发展是不可或缺的。

2020 年后的下一代电子平台

2020 年前后,汽车大概已经构建出可以超越域进行综合控制的电子平台。总之,超越域使电子控制单元结合起来的高度功能,是网联化、智能化、电动化的出行即服务时代所要求的。比如,通过自动驾驶改变车道时,电子平台能够一边控制发动机的风门和发动机,改变左右的刹车信号,一边操纵方向盘,运算车身控制和发动机控制,最后发出信号。在下一代电子平台中,超越过去的个别领域，联合软件和硬件进行合作控制的能力必不可少。

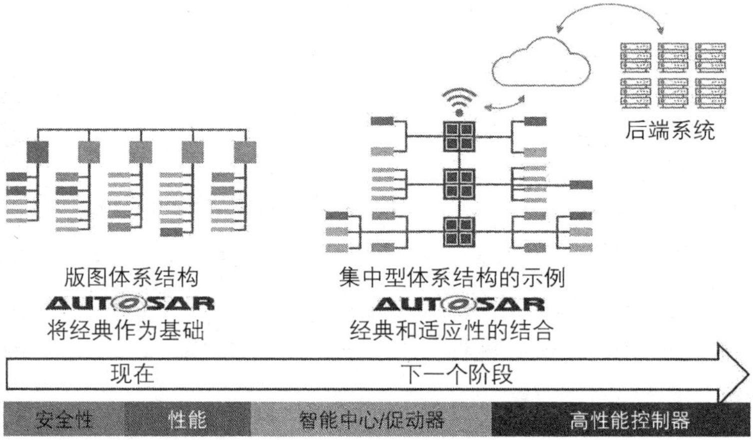

后端系统

版图体系结构
AUTOSAR
将经典作为基础

集中型体系结构的示例
AUTOSAR
经典和适应性的结合

现在　　　　　下一个阶段

安全性　性能　智能中心/促动器　高性能控制器

图8-4　下一代电子平台概念图

资料来源：伊莱比特

将来的电子平台体系结构，可能会将掌管"行驶、转弯、停止"的车身底部系统，都汇总在一个"车内领域"，而连接、人机界面、舒适性等上车体系统都汇总在"车外领域"等，向着综合版图集中控制类型的体系结构发展。

往现有的汽车开放系统架构里加入自动驾驶时代标准所追求的适应性汽车开放系统架构的标准制造的强力先导者，正是欧洲制造商。能够支撑强大基本软件的维克多、博世和大陆等欧洲供应商与欧洲汽车制造商强化合作，形成了战略伙伴关系，在维护电子平台和促进软件研发、汽车数字化和电动化的竞争中，势如破竹，一直为胜利而战斗。

如果能够构建电子平台基础，不仅可以减轻软件研发负担，还可以产生以下几个方面的效果：可以在多个汽车制造商中共享电子平台；多个汽车制造商之间可以实现单元零件、控制系统的共通和挪用；可以大幅度减轻一级制造商量产系统零件带来的研发负担；变更一级供应商会变得更容易。

丰田将在 2021 年构建 100％的汽车开放系统架构化的电子平台，2025 年的目标则是构建能够完全应对 CASE 的集中控制型下一代电子平台。日本电装从基本的软件技术到构筑电子平台，形成了完整的一站式服务体系。为了深化与日本车载电子控制系统的标准化组织 JASPAR 的合作，也把欧洲形势作为先进的标准考虑进去。

日本电装希望和丰田共同研发下一代电子平台，也可以与丰田的合作伙伴建立合作。如果能实现的话，那么不仅能够有效利用集团整体的研发资源，日本电装系统销售的商务机遇也会有飞跃式的扩大。

从模块到 IT 体系结构

接下来让我们稍微提一下 CASE 革命中的汽车体系结构。上文中已经说明了私家车和出行服务这两种用途的汽车的不同特性。私家车必须应对多种使用情景，可能会发展为非常复杂的体系结构。另一方面，为了限定使用情景，出行服务设计了与各种需求最相应的体系结构。

任何情况下，CASE 革命的汽车都是以互联和自动驾驶这两个系统为中心，进行再设计和继续进化，这是毋庸置疑的。车内领域汇总了实现自动驾驶技术的动力传动系统和车辆控制功能。车外领域则包含了互联技术带来的人工智能辅助、应对后备储存器的安全措施、3D 地图和各种各样的 V2X 信号、智能数据中心和灵活平台的功能。

在私家车中可以继续进行非常复杂、数量很多的软硬件的联合。在这个领域，汽车制造商似乎还要继续较大程度地依赖一级供应商的系统研发。但是被分散控制的系统扩张到各处是个难题。希望未来能够确立像图 8－4 中那样的集中控制型体系结构。

同样的概念，日本电装以外强有力的一级供应商也会发送信息。大陆公司提出方案，建设包括通过一个车辆计算服务器来控制汽车电子平台的"服务器基本体系结构"的系统。也就是把分散型"大脑"向综合控制的一个"大脑"改变的方案。

汽车的附加值过渡到了软件上，这是显而易见的。汽车制造商究竟要继续依赖一级供应商主导的系统研发到何时，成为新的关注点。受到出行即服务和自动驾驶技术势头的影响，车辆整体的附加价值大幅度下降的构想成为现实的可能性很大。在整体附加值中，硬件的附加值在由二级供应商支配的领域增加，汽车制造商和一级供应商获取的附加值则过渡到了软件上。软件的附加值是由一级供应商继续支配呢？还是被汽车制造商反击夺回呢？新的战争形势似乎呼之欲出了。

这个"大脑"的支配者是一级供应商？还是汽车制造商？谁执牛耳，无从知晓。

如果是一级供应商，它们不会满足于成为仅生产硬件的公司，肯定会拼尽全力掌控综合控制的"大脑"。另一方面，为了保卫车辆的整体附加价值，汽车制造商以软件的综合控制为目标采取行动的可能性很大。

到了 2030 年，可以预想，会向着车内车外领域时常合作的 CASE 革命汽车进化。支配信息出入的车载操作系统和支配汽车动作的车辆操作系统合体，或者是完全结合，可能会诞生综合控制整体的新"大脑"。

2018 年 8 月,大众发表的"数字化战略"中公示了"IT 体系结构"这一新景象。2020 年开始引入电动汽车专用平台"MEB",是大众制造改革的第一步。MEB 由支撑大众互联生态系统的平台进化而来,以汇总将来的软件价值的 IT 体系结构的二级供应商为目标。如图 8-5 所示,IT 体系结构可能使得硬件和软件分离,成为不断提高质量的基础。

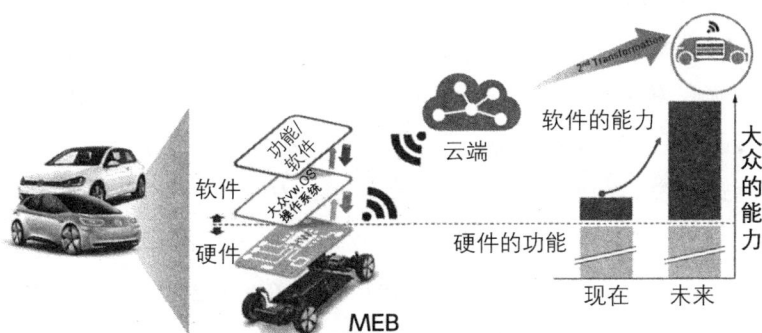

图 8-5　大众下一代 IT 平台的概念图

资料来源:大众、中西汽车产业研究所

大众的 IT 体系结构,捕捉到了汽车体系结构进化的景象。大众非常擅长展示并描绘具有说服力的画面。大众说,vw. OS 支配了全部软件,严格来说,相比起操作系统,不如说是汽车的头脑。

如果实现硬件和软件的分离,向着综合控制软件的系统改变,那么组装系统零部件并支撑其量产的一级供应商的竞争领域发生重大变化的时代就会到来。硬件的附加价值无疑会向着二级供应商过渡,被分离的软件附加值则有可能被汽车制造商所控制。

会发生软件和硬件分离吗？

到了 2030 年，出行服务车辆中软件和硬件的关系可能会发生变化。如果制定了使用限制，出行服务车就会更像家电产品了。那么，像家电那样诞生出分离软件和硬件的体系结构，也不是什么不可思议的事了。

如在第五章中解释的那样，自行选择自动驾驶配套元件和出行服务车辆，通过空中下载技术接收最新的自动驾驶软件成为新的商务模式。也许都用不上等 10 年，出行服务车辆中就有可能实现硬件和软件分离了。空中下载技术时代到来的话，产生各种各样的商务模式都是必然的。只是，作为商业模式来说，软硬件可以分离，并不意味着需要车辆的软件和硬件完全分离。

软件和硬件要分离到何种程度呢？面对笔者的疑问，丰田汽车的友山茂树副社长给出了以下说明。

"和智能手机不一样，汽车以 150 kg 的重量在行驶。必须确保各种电子控制单元和促动器的可靠性。如果要提高可靠性的话，就要汇总一定的功能群，那么不应该为每个功能群选择最合适的操作系统吗？未来十年，用一个操作系统来支配汽车是不大可能实现的。"

先进的体系结构变化最先可能发生在确定使用情况的出行服务车辆上。事实上，出行服务车辆可能操作更为简单、效率更高，对于操作系统的要求也更高。笔者认为互联网公司四大巨头等企业，也可以考虑与保证质量、维护安全的汽车制造商的出行服务车辆建立合作。因此，不否定会诞生出行服务车辆特有的新型研发体系结构的可能性。

另一方面，私家车有漫长的过渡期，因此在考虑 2030 年的状况时，汽车制造商要有一边和一级供应商协调，一边越过硬件浪潮和软件浪潮的构图，这是一定的。

第四节 供应商面临的机遇与危机

志在物联网基础设施的博世

世界上最大的汽车零件厂商博世将据点放在了德国的斯图加特。从特定的汽车制造商中独立出来，以对等的立场开始构筑一级供应商的地位。"企业明朗的未来，从维护财务独立、进行对顾客而言强有力的意义深远的研发入手"这样的话，揭示了其独立自主的经营理念，博世作为研发型企业，至今仍坚持这套出自创始者罗伯特·博世的思想。

博世不是追赶流行趋势的企业，从概念设计到商业设计，都是自主构建和提案，是一边与产学研合作，一边引领趋势的设计型企业。博世提前对新趋势不可欠缺的技术和模块进行研发，必要时能够提供世界最先进的技术。博世不仅兼具机械电子能力和制造能力，而且近年来软件研发能力也出类拔萃。1994年，将嵌入式系统开发公司 ETAS 完全子公司化，在印度通过对软件据点的配备获得了远远超越其他公司的成果。

2015 年德国 ZF 公司以收购美国 TRW 汽车零件公司为契机，将和 ZF 对等的合资公司 ZFLS(ZF Lenksysteme)完全子公司化，取得了重大进展，将"行驶、转弯、停止"加软件之类的全部重要技术都囊括在手。而取得 ZFLS 电动驾驶技术的结果就是，成为汽车产业附加价值链的一级供应商。

从 21 世纪头十年开始，博世不断促进物联网产业的强化战略，它现在的商业战略是以物联网和人工智能为基础，向社会基础设施产业和服务平台转型。2016年,博世舍弃了汽车产业之名,更改为包含更广泛的含义的名字,从传统汽车文化中脱胎换骨,加速向以移动性为中心的企业文化和产业转型。

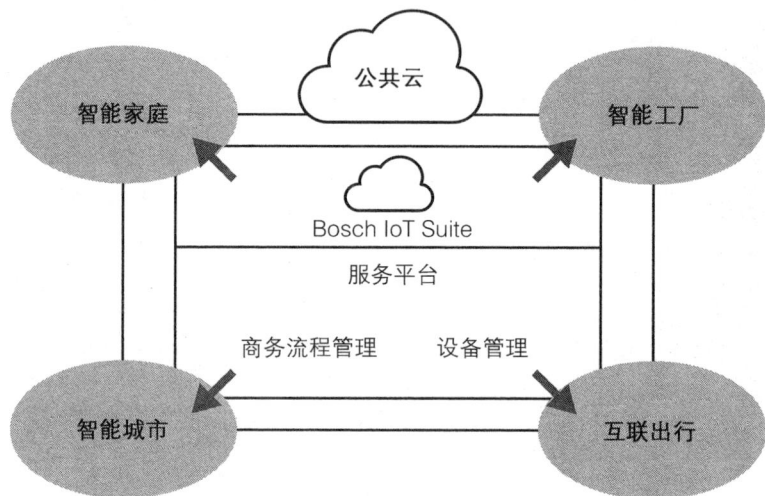

图8-6 博世的物联网业务服务平台战略

资料来源：博世、中西汽车产业研究所

物联网平台"Bosch IoT Suite"的建立,是从向客户提供物联网服务开始的。从21世纪初期开始,博世收购了德国的创新软件技术(Innovation Software Technologies),在物联网时代到来之前,将其纳入产业的核心组织,并产生了显著效果。博世通过收购商业流程和设备管理的企业,顺利并稳步地构筑了产业平台。

博世在"智能家庭""智能工厂""智能城市""互联出行"四大产业领域倾注心力,探求通过网络连接家庭、工厂和汽车的新的产业模型。目标是向社会基础设施产业发展,可以看出汽车社会的设备化连接和自动驾驶社会的预想的动向。

博世配备了可以显示与德国铁路合作的停车场空位的线上地图，开展以"Bosch"为品牌的停车场经营和自动停车系统。到 2020 年为止，博世的电动化产品将全部与网络进行连接并提供服务。2018 年，博世收购了美国网约车初创公司 SPLT，实现了参与到网约车业务中的计划。在不远的将来，博世将正式宣布以电动汽车为基础的机器人接送巴士的产业化。

紧追博世的大陆

不只是博世，在德国，大陆、天合汽车等有实力的供应商也在努力学习之中。大陆从轮胎公司向制动器等主动安全系统开展业务，不停地收购西门子的汽车零件产业和摩托罗拉的汽车电子工程产业等，确立了整体的汽车出行系统供应商地位。如今的规模可以称得上是排名世界第三的供应商。

2015 年，大陆收购了以汽车开放系统架构基础软件"EB tresos"闻名的芬兰软件供应商伊莱比特的车载软件研发产业，和伊莱比特一起强化软件研发领域的同时，希望通过此次收购确保 IT 人才。一边迅速地不断收购企业，一边追赶博世创造的趋势，这就是大陆一派的作风。

大陆不断地收购积累成为拥有 LiDAR、成像设备等重要技术的公司，构筑成为 CASE 革命中主力供应商的基础。如同第六章所介绍的那样，从无人驾驶出行的 CUbE 可以看到其展示的汽车制造产业的方向性。大陆有可能会成为制造并销售机器人接送巴士公司那样的汽车制造商，出行服务汽车的制造销售应该的确会变成该公司的新产业领域。

能够对抗日本电装吗？

在网联化、智能化、共享化和电动化并行的 CASE 的全部领域中，担当丰田集团技术研发职能的是日本电装。1949 年，前身为丰田研发部门的电装部门被分离独立出来，创建了日本电装株式会社。曾经有过从博世获得资金，互相交流学习合作技术的历史。如今，却成了和博世争夺世界第二的汽车零件制造商。

作为由丰田出资 24％、丰田自动纺织出资 8.9％、东和不动产出资 4.2％的零件公司，日本电装拥有博世、大陆等没有的热机器产业（空调等），在电动化技术上有优势。另一方面，制动器产业分散在爱德克斯（ADVICS Co.，LTD），动力传动系统分散在捷太格特（JTEKT Corporation），"转弯、停止"的功能不在电装本部内。笔者认为，控制车辆整体的技术和构想不足是电装的弱点。

在应对 CASE 革命中，日本电装被认为是最应该促进激烈改革的企业之一。2018 年 2 月，日本电装实施了大规模的组织改革，重新建立了加速 CASE 研发的新组织，建立了出行产业系统集团，促进车内车外一体的综合系统的研发，希望实行从车辆整体角度出发的价值提案，引出新的优势。

日本电装研发针对丰田的下一代电子平台，推进能综合控制的应用（产品）研发。加速了车内领域中的高级驾驶辅助系统产品研发，和车外领域中驾驶舱和连接系统的研发。不只是丰田，日本电装目标是在马自达、铃木、斯巴鲁（SUBARU）等丰田

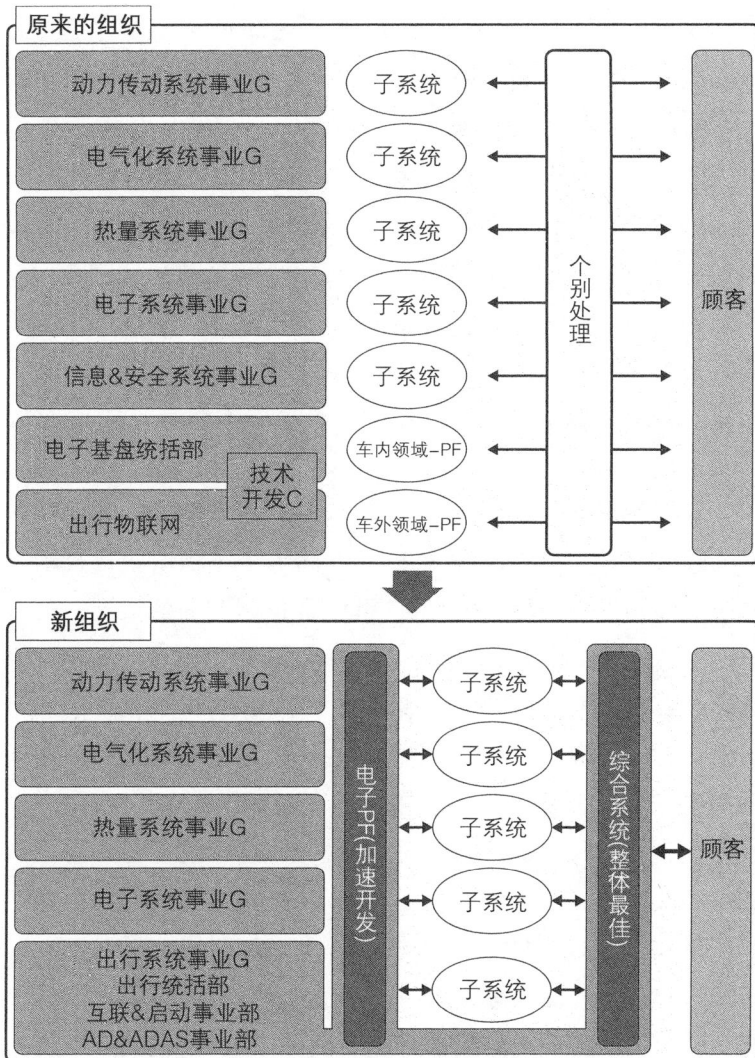

图 8 - 7 为了实现电装的战略要进行的组织变更

资料来源：电装 2018 年 3 月结算说明会资料

的合作伙伴间，也打开销路。

通过合作和收购，电装在过去的两年间大幅度扩展，弥补了应对 CASE 革命上技术的不足。以富士通天（现为电装天）为子公司，保证了将近 3 000 人的 IT 人才。电装还在东京和横滨设立了软件研发中心等，从而推动了软件研发中心和 IT 人才的补充。电装面向电动汽车的基础技术研发公司叫作 EV‑CAS，自动驾驶技术的先行研发公司是 TRI‑AD，有面向自动驾驶技术车辆的综合电子控制单元研发公司（名称未定），还在电动车模块研发和销售公司（名称未定）投入大量资金和人才，目标是在 CASE 革命中做到真正的产业性扩张。

对电装来说，利用 TRI‑AD 研发车辆单位的自动驾驶技术的意义重大。从中，电装可以在不同等级车辆中获得自动驾驶研发的知识和经验，是获得进行综合控制方法的机会。另一方面电装也有烦恼，想要越过丰田的壁垒，走出自己的风格并不是那么容易的事。丰田主导推动的一系列项目，是在集团和丰田合作伙伴中横向展开的，而将产业扩大到世界级的汽车制造商需要花费很多时间。而横向来看，博世和大陆都以自主车辆研发业务和物联网平台为方向不断扩张，这样就不得不以丰田战略为最优先。

现在丰田的意图是，在构想系列供应商的未来蓝图前，要对抗博世‑戴姆勒‑英伟达、大陆‑宝马‑英特尔 Mobileye 这样的世界性联盟团队。谁能尽快创造出胜利的果实，谁就能夺取优先权，重新定义主场和客场，明确各自的擅长领域。如果不能率先取得战役的胜利，就会没有未来。

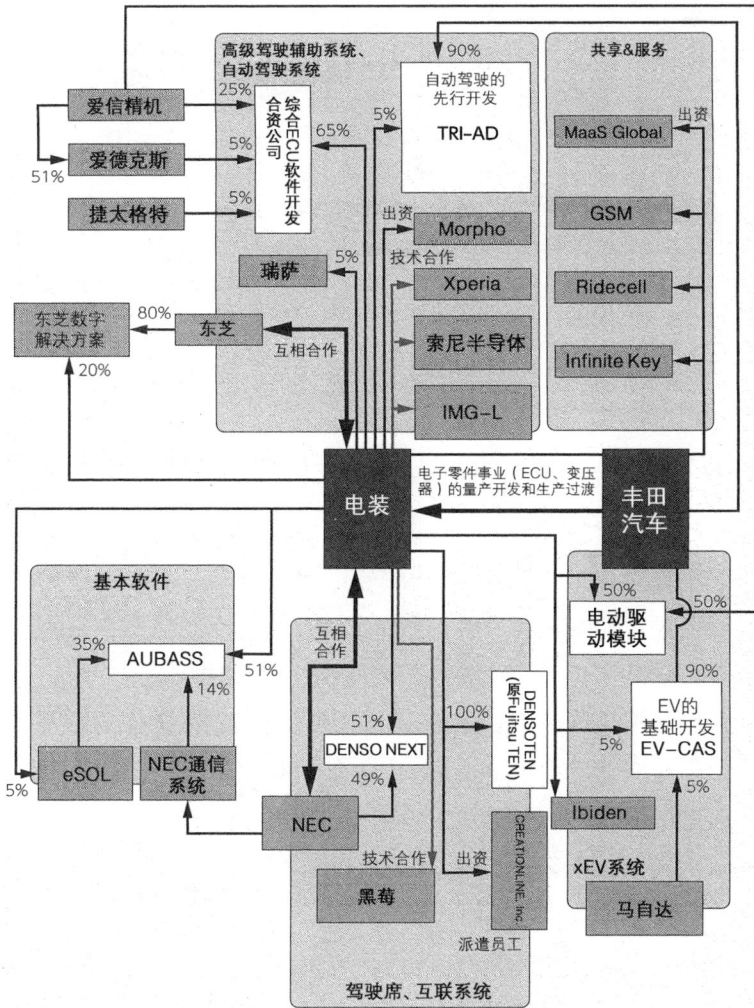

图 8-8 电装的 CASE 相关合作、出资构造及目标

资料来源：中西汽车产业研究所

第一节　谁是电动化的胜利者

埃隆·马斯克的示弱

"这是我职业生涯中,最困难也最艰辛的一年。……有时三四天没有离开工厂——完全没有出去过。"

当时正面临着各种各样的问题的特斯拉 CEO 埃隆·马斯克,在 2018 年夏天《纽约时报》的采访中这样回应道。

特斯拉超级工厂(Tesla Giga Factory)发布了作为战略最后阶段的成功量产的 Model 3,马斯克像是打算一口气打破对电动汽车抱有怀疑态度的社会和企业的看法。然而,他在量产 Model 3 的时候经历了"生产地狱"的绊脚石,严重损害了人们对特斯拉未来的信心。

只要有了电动汽车,任何人都可以成为大规模生产制造商,因为生产过程很简单,只要组装三个基本部件:电池,电机和逆变器就可以了。这一错误幻想被严酷的现实打破了。特斯拉究竟哪里弄错了?

据推断,马斯克试图通过引入像智能手机这样的简单自动化生产线来实现大规模生产 Model 3 汽车。特斯拉的资本投资非常庞大,仅 2017 年就投资了 34 亿美元(约 3 740 亿日元)。如果说特斯拉向内华达州的超级工厂投资了 15 亿美元(约 1 650 亿日元),那么剩余的 2 000 亿日元用于 Model 3 的生产投资。一般来说,25 万台汽车生产能力的工厂就有 1 000 亿日元左右的规模。

这里有一个验证材料。为返还加利福尼亚州的州税,特斯拉已公开了不同设备的投资金额,其中该项申请的投资额达到 11.7 亿美元。据透露,其中包括焊接工程投资 3.76 亿美元(约 413 亿日元)、最终组装投资 2.84 亿美元(约 312 亿日元)、物流投资 1.61 亿美元(约 177 亿日元)等。其中焊接、最终装配和物流的投资规模非常大,可以推测特斯拉已经铺设了包括机器人在内的高度自动化生产线。

但是期望中的自动生产线却无法正常工作,因此陷入困境的马斯克只能在组装工厂搭建临时帐篷,并以临时生产线为主进行组装工作,试图挽回眼前的局面。按照原计划,特斯拉将在 2017 年年底达到每周 5 000 辆(年产 25 万辆)的生产规模,但在生产开始 3 个月后的当年 11 月,该目标被推迟到 2018 年 3 月末,并在 2018 年 1 月被再次推迟到 6 月末。最终在 2018 年 7 月达到了每周 5 000 辆的生产目标。文章开头的采访,正是基于以上背景。

从"生产地狱"生还的马斯克虽然看上去还是"超人",但胜负的关键在于今后。社会上谴责特斯拉严酷的劳动环境的声音很多,特斯拉对于车辆的质量能够稳定到何种程度也尚不明朗。特斯拉重新构建可持续生产体制和品质的挑战才刚刚开始。由此看来,汽车的硬件的确是道难过的坎。

Model 3 从 2018 年第一季度(1～3 月)开始生产了 9 766

台,第二季度(4~6 月)达到 28 578 台,第三季度(7~9 月)达到
53 239 台。可以说在轿车分散的美国市场上达到每季度销售超
过 5 万台以上,就算是最畅销的汽车了。随着生产台数的增加,
特斯拉的业绩迅速回升了。如果这种状态能够持续下去,很可能
会有稳定盈利。如果能稳定上述状态,特斯拉渡过危机的可能性
就很高。

特斯拉这个公司很善于抵御困境。过去也有过这样一段逸
闻,2008 年特斯拉经营不振,2013 年引进了 Model S,但经营仍
不景气,于是马斯克提出想和谷歌的拉里·佩奇面谈。马斯克
所追求的 100 万台的生产规模,在日本就相当于斯巴鲁了。这
已经不是风险企业的规模了,所以特斯拉必须具有可持续稳定
的商业模式和治理结构。

虽说 Model 3 是马斯克以在大众群体中普及电动汽车为目
标而推出的,但是价格还与高端车差不多。Model 3 的基本价
格(续航距离 220 英里,约 354 公里)为 35 000 美元,选择颜色加
1 000 美元,基本的手续费、升级和包装费为 5 000 美元。如果
再加上增强型自动驾驶仪的 5 000 美元,价格一下子提高到
46 000 美元。如果将来需要完全自动驾驶功能的话,在购买时
还需要支付更新费 3 000 美元,总计大约 5 万美元。如果选择
大容量电池(续航距离 310 英里,约 500 公里),价格大约为 6 万
美元。这个价格还不是大众车。应该认为,特斯拉才刚刚走上
降低成本这条无止境的道路。

谁是世界电动汽车战争的胜利者

正如前文所述,2030 年的电动汽车比率将停留在 8% 这一
预想,事实上并不像一般被期待的那样很容易就能实现电动汽

车的普及。基础设施、原材料价格、电池换代等阻碍因素很多，笔者认为电动汽车成为大众的选择还需要一段时间。

但是，不断强化环境规制的世界潮流是不会等待汽车制造商的。不仅是普及电动汽车，推进各种电动化技术及提高其最核心部件的电池性能对于任何汽车制造商来说，都是最重要的课题，这些也是构建各个战略的核心。如果柴油机和混合动力技术有优势，那么也应该尽可能提高其竞争力，选择即使不依赖电动汽车也能够应对环境规制的路径。相反，如果柴油机和混合动力技术受到影响，那么就应该选择重视电池性能的战略，并采取有利于电动汽车加速化的政策。各有策略，不能说谁是胜利者。

汽车厂商在探讨最佳能源混合时，有推行电动汽车、插电式混合动力、混合动力等电动化方向的措施，还有优先改善发动机燃烧效率的措施。大众、雷诺是在电动化轴上领先的制造商；马自达在改善内燃机燃烧效率的坐标轴上是最好的模范公司；丰田和戴姆勒处于两者中间的位置。没法说何者的途径是正确的，这是由制造商的技术力量、品牌、产品、市场等综合因素来决定的。需各自商定收益后再做决定。

如图 9-1 所示，将电动汽车规制严格的欧洲和中国市场的销售比率作为横轴，将各汽车制造商从 2025 年到 2030 年的电动汽车销售比率的期待值作为纵轴，可以描绘出漂亮的正比趋势线。由于日、美、欧的主要市场对电动化的限制条件有很大不同，电动汽车战略在很大程度上受地区销售构成差异的影响。欧洲汽车制造商位于右上，日本车厂集中在左下，美国势力正好位于中央。

中国的新能源汽车规定、美国的零排放法规、欧洲城市的运

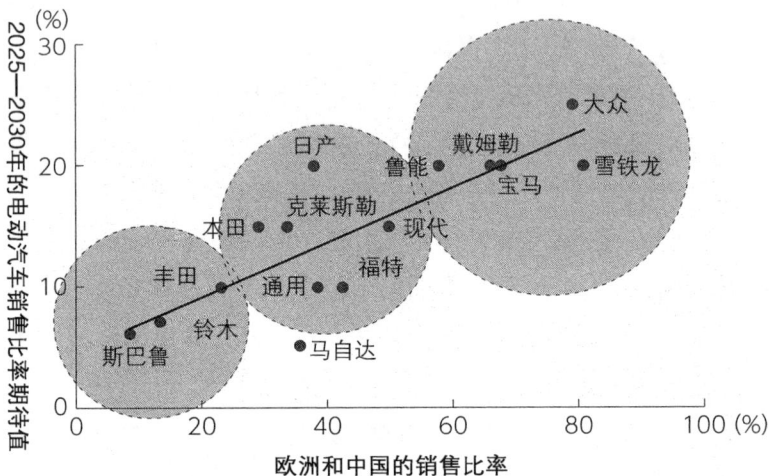

图 9－1　欧洲和中国的销售比率及 2025—2030 年的电动汽车
销售比率期待值

资料来源：中西汽车产业研究所

营规制等对电动汽车产生重大影响的限制将正式开始实施。受
此影响，各汽车制造商正在开发电动汽车专用全球平台。

　　特斯拉的 Model S 汽车对这些主力汽车制造商的电动汽车
专用平台的开发产生了重大影响。让人印象深刻的是，大众的
MEB、戴姆勒的 EQ 等，相继追逐着搭载了大量高效电池的特
斯拉平台。这种电动汽车专用平台与能够高价格出售的高端车
的亲和性很强。因此，在中国高端汽车市场中有望顺利销售。
但是，如果电池价格没有预期那么低的话，对于大众车来说，将
会成为一个沉重而昂贵的平台。但是，并不是只有配备了大量
电池的电子平台才能成为电动化的解决方案。

　　从 2019 年到 2020 年，新产品将大规模投入市场，电动汽车

新车高峰会到来。其中可能有大热的车型,但应认识到,因为供过于求,电动汽车市场可能变成所谓的"红海"。

正如第七章得出的结论,并不是仅靠电动汽车就能解决全球环境问题。"电动汽车现在还没有确立技术。电池型号、电池形状、逆变器、半导体元件、马达等,今后要发展的关键技术很多。同时,也面临着向全固体电池的进化这一决定性的技术革新。电动汽车仍是黎明期的产品,不能断言它会怎样进化,以怎样的姿态成为最终的胜利者",负责马自达技术的藤原清志副社长这样阐述了电动汽车的进化。

第八章介绍的EV‐CAS是由丰田、马自达、日本电装三家公司合资成立的,主要进行电动汽车体系结构的基础技术研发。公司设想了今后电动汽车进化的多种情况,通过基于模型的定义(MBD)研发基本的共同模型,公司名称中也使用了Common Architecture。

很多日本厂商都参与其中,在共同架构的研发中协调合作,利用这个技术进行自身公司专用平台的商品研发,构建相互竞争的结构。预计在2019年中完成模型制作和车辆碰撞测试。经常被批评为"下手晚"的日本联盟的电动汽车体系结构会向社会展示什么样的解决方案呢,这一点非常有趣。

笔者还有一个想要介绍的日本技术。比如,作为丰田的出行服务平台的e-Palette,提出了附有旋转式扩展器(发电机)的电动汽车的包装方案。扩展器是指以延长电动汽车续航距离为目的的小型发电机。可以联想到旋转式扩展器会由技术合作伙伴马自达供应。

曾经被称为梦想中的发动机的转缸式发动机,最后在2012年停止生产。如果它能在未来的平台e-Palette中复活的话,会

表 9-1　主要汽车制造商电动汽车战略总结

	大众	戴姆勒	通用
2025—2030 年的电动汽车比率	25％	15％～25％	未公开
电动汽车销售台数计划	以销售 200 万到 300 万台电动汽车为目标，其中 VW 品牌为 100 万台	以到 2025 年为止销售 50 万台电动汽车为目标	计划在 2026 年在全球销售 100 万台电动汽车
投入车型	到 2025 年将 30 种电动汽车推向市场，到 2030 年为所有型号设置电动汽车模型	到 2022 年，推出 50 种电动车模型，并将 10 种电子产品推向市场	到 2023 年，将推出 20 多种电动汽车和燃料电池车
投资金额	2030 年投资 200 亿欧元，电动部件采购协议 500 亿欧元	未公开	未公开
电动汽车专用平台（引进时间）	MEB（2020 年）PEA（2019 年）	EQ（2019 年）	BEV3（2021 年）

	福特	丰田	日产-雷诺-三菱
2025—2030 年的电动汽车比率	未公开	约 10％	未公开
电动汽车销售台数计划	未公开	售出电动车 550 万台，其中电动汽车和 FCEV 销售 100 万台	日产计划到 2022 年销售电动汽车、氢燃料汽车型号 100 万台
投入车型	到 2022 年，全世界的电动车型将增加到 40 个车型，其中 16 种车型增加到电动汽车	2020 年前半期，世界上有 10 种以上的电动汽车被实用化	基于 CMF-EV，将投入 12 个电动汽车车型
投资金额	电动化投资超过 110 亿美元	未公开	未公开
电动汽车专用平台（引进时间）	未公开	EV-CAS（2021 年）	CMF-EV（未定）

资料来源：各公司资料、中西汽车产业研究所

让人感觉是在做梦。转缸式发动机和氢气的相容性很好,这一点与日本国家战略的亲和性较好,由于该发电机燃烧和排气的地点不同,所以很适合燃烧氢气。如果它能成为支撑氢气基础设施建设的一个选择,那对日本来说是绝好的发展。

电动化对制造业的影响

有人认为,如果将汽车替换成电动汽车,汽车零部件数就会减少,汽车的制造工序也将变得像拼积木一样简单。的确,打破使用限制的出行服务车辆和创新的新型电池诞生后,将来车辆性能几乎由电池性能来决定,可能会发生上文指出的工序简单化。

电动汽车虽然在构造上很简单,但是从特斯拉的实际情况来看,也知道电动汽车并没有让设计和制造变得简单。在像现在这样电池性能受到限制,且电池成本高的情况下,需要在应对碰撞安全规定的同时平衡驾驶和电池性能,需要进行复杂的磨合并具备整体设计能力。

做一下简单演算,就会有这种直观感受了。汽油发动机车使用 2 万～3 万个零件,其中约 20％为发动机,7％为变速器,5％为发动机控制电子器件,替换成电动汽车则不需要这些零件,因此减少了 1 万个零件。另一方面,电池、马达、逆变器、电池管理、高压电缆、车载充电器、热交换器等电动汽车特有的零件增加了 2 000 个。如果相抵的话,零件件数会减少约 25％。尽管如此,这仍然是一个非常复杂的工业产品。

在考虑对制造业领域产生的影响时,比起讨论单独使用电动汽车的影响,更应该着眼于支持混合动力车制造所需要的能力。随着电动汽车普及的扩大,同时使用汽油发动机和电动发动机的混合动力和插电式混合动力的普及也在扩大。而移动动力源方面，这种引擎电动马达和蓄电池的"双驱动"会存在很长一段时间。

　　搭载包含混合动力和插电式混合动力的发动机的车辆销售台数预测如图 9 - 2 所示。2030 年会有 1 亿台，2035 年将呈现缩小 20％到 8 000 万台的悲观趋势，到 2040 年也同样存在 1 亿台市场的强势趋势。

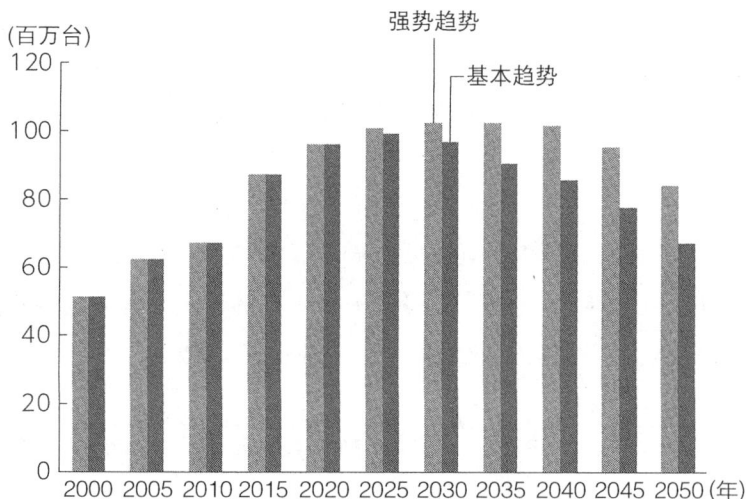

图 9 - 2　搭载发动机的车辆全球销售台数预测

资料来源：中西汽车产业研究所

　　加上原本的发动机零部件和电动化结构部件，整个市场上每辆车的零部件件数有可能比现在更多。车辆制造现场不是基于电动汽车移动的单纯结构，而是更加复杂的结构。

　　在以欧洲电动汽车制造商为核心的电动化推动下，欧洲汽车零部件产业对动力传动系统的投资热情逐渐冷却，因为欧洲汽车制造商强烈希望在自动变速器等动力传动系统产业方面与国内零部件厂商合作。至少在 2030 年前后,国内汽车零部件厂商将受到这种热潮的影响。但是,过度地被这种受惠的环境所宠坏反而会让人对未来产生担忧。

2017 年 12 月,丰田汽车掌管技术的副社长寺师茂树制定了丰田的电动化战略,表示 2030 年该公司将在全球销售电动汽车合计 550 万辆以上,宣布到 2050 年之前,所有在售车辆都将改为电动汽车。到 2030 年左右,电动汽车和燃料电池汽车会销售 100 万台以上,剩下的 450 万台为混合动力汽车和插电式混合动力汽车。2017 年实绩显示,电动汽车和燃料电池汽车几乎为零,混合动力、插电式混合动力汽车仅为 151.7 万台,丰田计划大幅增加电动汽车的生产。

但是,寺师副社长说了以下警示的话:

"从全球今后的节能控制措施来看,混合动力技术具有很高的优势。450 万台这一数值的完成可能比预想的要快得多。但是,这不允许我们疏忽大意。仅从经济合理性来看,油耗性能的提高与客户的实际利益呈反比,与技术成本呈正比关系。混合动力有大幅增长的余地,但并不意味着其会直线上升,而是必须理解在某个点上递减的风险。今后的发展将取决于电池的竞争力。"

为了应对油耗规制,可以认为混合动力是根本的技术。即便如此,必须改变技术力量占优势的人总是能够胜利这种观念。沉溺于技术力量,无法摆脱高成本而被孤立是危险的。随着电池性能的增长,这种艺术性混合动力控制技术注定将逐渐被淘汰。

在混合动力方面取得成功的日本汽车产业,必须考虑如何让世界广泛接受这种技术。与此同时,也要思考混合动力的下一个环境技术的战略将如何发展。供应商应该明智地接受动力传动系统产业，积累实力，再投入到将来的战略中去。

第二节　如何应对中国的汽车战略

中国新能源汽车市场的实况

中国的新能源汽车市场急速扩大是既定事实，但是其需求的大部分是由补助金和车牌限制支撑的，这一点在第七章中已进行了说明。将现在的需求政策转换为供给型的政策是新能源汽车积分制度的目标。虽然政府的补助金减少了，但以新能源汽车信用转卖利益为奖励，扩大新能源汽车生产台数，确立以电池为中心的中国电动汽车零部件产业的国际竞争力是最大的目标。

但是，不能说中国的新能源汽车政策就能顺利地前进。如果把 2020 年中国各汽车制造商的新能源汽车生产能力合计起来，就会惊讶地发现已经达到了 400 万台。这是此前制定的销售目标 200 万台的两倍，车辆面临着低运转率的风险。如果不把汽车租赁和共享乘车作为吸收生产计划的容器，中国汽车厂商就很有可能积压库存。部分厂家又面临着徘徊在盈亏边界的风险。

供求关系的恶化初现端倪，新能源汽车信用额的流通价格中飘浮着暗云。例如，比亚迪在 2017 年末存了 60 万信用，其中 80% 可以留存到 2018 年，但在 2019 年会失效。如果新能源汽车信用额的买卖利益不被激励的话，一边废除补助金、一边增加供给力的战略将会被泼冷水。

在预测能够创造满足长期提高的新能源汽车信用要求的个

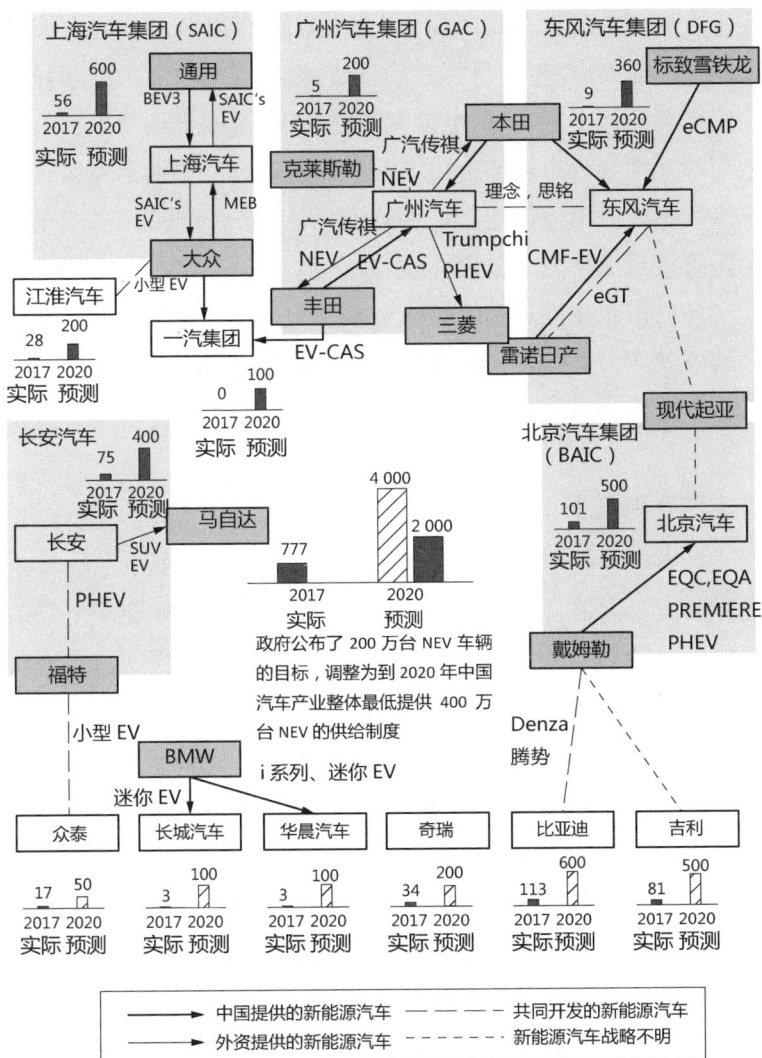

图 9-3 中国汽车产业新能源汽车战略以及新能源
汽车生产能力计划(单位:千台)

注:对 2020 年新能源汽车生产台数的预测是基于公司的生产计划,斜线是
中西汽车产业研究所的推测数值。

资料来源:各公司资料、中西汽车产业研究所

227

人保有的新能源汽车需求时，悲观观点也有很多。中国大型汽车制造商对 2020 年的目标表示自信，但对长期的需求预测并不一定乐观。从中期来看，电动汽车在高端车、廉价小型车和公共汽车等 3 个细分市场产生需求的可能性较大。如果个人保有汽车市场不能简单地创造新能源汽车需求，那么确保共享汽车的销售渠道就显得尤为重要。

各城市正在推进智能城市的构想，所以面向以自行研发的自动驾驶作为基础设施的智慧城市构想的出行服务专用电动汽车的市场也值得关注。

日本汽车制造商的应对

日本汽车制造商应对新能源汽车的准备工作正在稳步推进。通过三大组合技术，2020 年的新能源汽车目标迎来了最后的局面。从 2018 年开始，合资公司将生产合作伙伴研发的廉价电动汽车。例如，广汽丰田（丰田汽车和广州汽车的合资）从 2018 年开始生产广州汽车自主品牌"传祺"的电动汽车"GS4"，由广汽丰田经销商销售。同样，广汽本田（本田和广州汽车的合资）也正在讨论传祺的电动汽车生产。

一进入 2019 年，中国专门研发电动汽车的合资公司将正式投入生产。丰田将"C－HREV"投入广汽丰田。本田以"挡板"为基础研发中国专用电动汽车，由两个合资公司生产，以"理念""思铭"自主品牌销售。日产已与雷诺、东风汽车合资成立电动汽车生产公司（eGT），计划研发中国专用小型电动汽车并进行销售。

2020 年左右，各公司的全球平台将开始投入中国市场。大众的 MEB、通用的 BEV3、雪铁龙的 eCMP 已经正式发布，开始投入中国市场,分别向各自的中国合资公司投入资金。丰田正在研发中的全球电动汽车平台,在 2021 年以后也有可能投入中国。继欧洲、日本之后,本田将目前正在研发的面向发达国家的电动汽车在 2020 年向中国投入的可能性很高。日产有向合资公司投入与雷诺竞争研发的全球电动汽车平台(CMF - EV)的可能性。

除了可立即生产的本地合作伙伴电动汽车以及价格较便宜、便于向出行服务商销售的小型电动汽车外,与品牌力相称的全球电动汽车产品也将正式投入中国市场,并积累 2020 年所需的新能源汽车信用额度。其中,电池供应方不能集中在 1 家公司,而是必须从指定电池公司中广泛采购。

迎合和反抗

虽然看起来是艰难的道路,但是理解中国推行新能源汽车政策的战略背景是很重要的。其目的在于培养中国电池产业,优先确立其竞争力。中国应该也十分清楚,全面推广新能源汽车是不现实的。但是,以新能源汽车政策为契机,优先确立具有压倒性优势的中国电池产业,构建必要的能源混合,然后分阶段慢慢进行就可以了。

也许有人会反驳,但笔者预测,中国也将在不久的将来推进包括混合动力和燃料电池车在内的真正的动力传动系统的分散化。不过,这是在确立电池产业的竞争力之后的事了。这与日产率先推出电动汽车 Leaf 并活用其电池的力量,扩大销售 e - POWER 混合动力汽车的战略是相同的。

中国的新能源汽车政策,是确立电池产业的国际竞争力的战略,但并不是让所有的汽车都电动化。中国的想法是借电池的力量来弥补发动机和混合动力技术的不足。

与日本擅长的混合动力技术展开正面较量，对中国来说也是一种挑战。通过提高电池的成本竞争力，搭载更多的电池，可以生产出更高性能的混合动力车。认识到中国的零排放战略不是对电动化盲目猛进的战略是很重要的。

在了解中国这种战略的基础上，日本汽车产业应该平衡强势和谨慎两方面，推进零排放政策。虽然迎合电动化只会对对方有利，但是即使完全逆转，最终电池的力量还是会封住日本擅长的混合动力的优势。为了与中国合作互利，以及避免被中国的产业战略围困，应当分清得失。

第三节　2030 年出行产业的霸主地位花落谁家

新时代的竞争力是什么

2006 年日本丰田汽车超过美国通用汽车，居世界汽车产业首位。

除了 2007 年和受到东日本大地震影响的 2011 年，丰田曾暂时将第一名宝座让给通用之外，世界第一的位置基本是丰田的固定席位。但夺取这一固定位置的是大众集团，而近年来将三菱汽车纳入联盟的雷诺-日产阵营也同样接近顶端。对于现代汽车产业来说，欧洲汽车集团争夺第一位还是第一次。

回顾一下，从 2000 年到 2010 年，是日本制造业最能发挥其成果的时代。日本的匠心精神和基于个别最佳制造的魅力，能够生产出被世界认可的低价汽车。除了"行驶、转弯、停止"的基本功能外，在质量和安全性等方面也产生了凌驾于其他竞争对手的车。与垂直整合的供应商进行高度磨合,构筑了制造能力世界第一的丰田和在美国的本田品牌。曾是美国象征的通用汽车在 2009 年陷入经营危机之际,迎来了日本车的顶峰。

推翻这一局面的是欧洲汽车战略。关于提高欧洲汽车竞争力的因素,前文已经提及很多次,它是在标准化和开放化框架下编入赚钱机制的战略,以柴油机、小排量汽油发动机等为代表,在世界上率先引进了各种严格的规章制度,掌握了技术的主导权并将其扩展为世界的事实标准,将中国等新兴国家纳入其中。结果,中国市场成为欧洲汽车战略中最成功的市场。

面向 2030 年的接下来 10 年的竞争力也有可能被欧洲厂商推进的汽车数字化掌握主导权。这就是 CASE 战略,推动数字化、电动化,将汽车作为物联网终端,使汽车产业从制造业转型为出行产业,以复权为目标的通用是加速这一变革的内在破坏者。

汽车产业必须兼顾传统制造业和新兴的出行服务的基础建设。提高互联、人工智能、电动化这三种核心技术是毋庸置疑的,但也必须挑战将“产品制造业”和“事务制造业”都做到极致。

制造业和出行服务产业的融合

提供出行服务,按照每英里或每小时收费的出行服务产业的增长率很有魅力。在个人保有汽车的总移动距离以年平均 2% 的速度增长的过程中,出行服务以 15% 以上的速度持续增长的可能性很高。如果把出行服务的总移动距离作为商务引进的话,在汽车的制造销售中也有可能展开全新的商业模式,提供汽车共享和共享乘车的服务。

正如已经说明的那样,在利用者和出行服务商之间需要出行服务平台。谷歌等互联网公司四大巨头也有控制出行服务平台的可能性，但是，出行服务平台也不可能全部由互联网公司四大巨头所占领，这是不现实的。了解汽车世界，已经在制造、销售、维修等方面构建真实平台的汽车产业，与在网络空间中构筑巨大网络的互联网公司四大巨头合作，这才是最现实的未来。

互联网公司四大巨头不会对汽车的制造和维护感兴趣。在其出行产业的平台建设中，高质量的出行服务车辆、提供高效维护的运营商是必不可少的。制造业不是简单的商品日用化，作为竞争领域，它拥有创造附加价值、获得收益的好机会。

MaaS 的商业模式中最重要的是，服务人员将获得收益、创造有益的用户体验并完成生态系统。要实现这一点，人工智能和半导体是必不可少的，但是支撑移动的高性能出行服务车辆也是不可或缺的。对于服务商来说，应该需要多功能性、初始成本低、便于维护的出行服务车辆。

为实现低成本、高利用率，在高速领域的行驶性能、安全性以及高效、低成本的维护是成功的关键。即使这样叙述，互联网公司四大巨头也可能无法理解。或者是因为已经知道这是一个非常困难的领域，所以在装作没注意到的时候，想要巧妙地把汽车产业卷入其中。对竞争力强的出行服务车辆的需求应该很大，出行服务车辆的制造、维护领域应该成为重要的竞争领域。保养产业应该也会卷入其中，但是如果不求上进的话，就有可能被有能力的新进入者夺走。

无论是在出行服务领域，还是在传统制造业领域，汽车产业都有机会成为有活力和潜力的成长性产业。除了传统个人保有汽车的制造、销售，出行服务车辆的制造和维护和出行服务平台也可以增加收益。

私家车持有者如果愿意,可以自己作为操作驾驶者提供服务来赚钱。为了实现这一目标,即使在 CASE 革命中,也必须不断磨炼赚钱的力量。汽车产业通过将制造业与出行服务产业相结合,可以创造竞争优势。

在 CASE 革命中创造胜利

在 CASE 革命的应对中,需要构筑各种各样的能力。因为本书篇幅有限,将在别的文章中详细讨论。首先,克服眼前逼近的 3 个课题是毫无疑问的。这三点是重新审视研发过程、构建下一代体系结构、重建传统领域的获利性。

要想参与到战略伙伴一级供应商、量产伙伴一级供应商的研发计划中,汽车制造商必须将资源投入到 CASE 对应的上游技术和规划的项目设计中。为此,需要具备一次性规划 CASE 革命 10 年的急剧变化的能力。

进一步说,与二级供应商建立强有力的关系将是关键所在。必须重新构筑与有力的两家企业的直接关系,以及将创造全新技术的新兴企业的力量纳入规划和先行研发的结构。

汽车的车内领域和车外领域通过软件联合,形成一个像是"大脑"的东西。各地区分散化、复杂化的动力系统组合也必须综合起来,制作出大规模系统的整体设计。

硬件显著增加的同时,控制该硬件的软件也需要极度复杂化,并具有组织硬件与软件协作的能力。如果电子平台的体系结构从分散到集中控制发生变化,那么掌管综合控制的中央集权的"大脑"将以怎样的形式形成,由谁来支配,这将成为一个非常重要的论点。

在 CASE 革命中,如何保护和提高个人保有汽车的收入?

当前的固定费用管理和研发效率改进只是第一步，必须重新审视所有的成本结构。面向 2030 年，必须考虑能够产生新的成本竞争力的切入点。在 10 年的一揽子企划中，如果不探讨将 CASE 的要素技术编入到什么程度才能够产生新的成本削减，恐怕很难生存下去吧。这不是危言耸听，如果无法对 2025 年以后 CASE 时代的车辆制造做出具体企划，就要有输掉这场博弈的觉悟。

第四节　日本企业应如何取胜

汽车产业超过互联网公司四大巨头

汽车产业开始向出行产业转变。这并不是汽车产业的崩溃，而是进入了进化和成长的新舞台，即进入了下个一百年的发展期。以发达国家为中心，传统的"行驶、转弯、停止"这一汽车的基本功能价值已经进入成熟期，这是很久以前人们就认识到的。对事故、环境问题的解决要承担巨大的社会责任，不可否认汽车产业的传统领域存在闭塞感。

但是，由于出行服务的成长是值得期待的，所以现在可以期待综合性地将制造业和服务业纳入事业的平台的飞跃式进展。CASE 革命将会创造汽车的新价值，使产业活力复苏，创造出充满跃动感的出行产业。车上有吸引人的新技术，令人感动的移动体验，以及利用物联网终端创造出崭新的空间体验的令人向往的未来。汽车作为安全、环保、舒适的交通工具可以焕然一新。

在出行产业中，汽车制造商要掌握变革主导权，必须弥补明显不足的 IT 技术，获得应对 CASE 革命不可避免的制造能力，构建出行服务平台。有必要改革因长期居于封闭性产业的顶点而产生的保守且对变革犹豫不决的企业文化。

目前，以最大化工作价值、构建巨大平台的谷歌为代表的被称为互联网公司四大巨头的 IT 企业在资本市场创造了巨大的企业价值。利用企业价值进行的收购和现有平台产生的大量资金可以继续投入人工智能和云基础的构建中。对于已经形成这种良性循环的互联网公司的威胁，有人担忧汽车产业的未来也不是什么大惊小怪的事。

但是，出行产业并不是像智能手机那样单纯的游戏。本书所强调的是，传统个人保有汽车和新的出行服务并存，存在复杂且长期的过渡期，高度的制造能力对于未来的出行产业来说也是不可或缺的。汽车产业已经拥有的从制造到流通的产业基础在出行产业中也将发挥竞争力。如果汽车产业能够切实弥补与 IT 企业能力之间的差距，那么在出行产业中，汽车制造商也有可能掌握主导权。为了弥补差距，必须从 IT 企业那里学习，对不足的方面进行灵活的合作。

资本市场并不认为现在的汽车产业是胜利者。话虽如此，也并没有认定汽车产业是互联网公司的从属者。总而言之，胜负才刚刚开始。随着出行产业的崛起，10 年后可能会出现能够超越 100 兆日元左右的主力 IT 企业价值的高附加值的汽车制造商。

是大众、雷诺-日产-三菱、丰田、通用、戴姆勒这 5 家大型公司之一呢？还是现代汽车、福特、本田等中坚集团的飞跃？或是像特斯拉那样的风云企业？还是会在中国出现这匹黑马呢？

从事业的初期阶段开始，特斯拉就在互联的基础上，以自动驾驶和人工智能的发展为前提进行发展，如果特斯拉能从现在的混乱中恢复过来的话,将会成为其他公司的威胁。笔者预测在 2030 年之前的某个阶段,特斯拉将成为与互联网公司四大巨头密切合作的玩家。包括基于此合作的协同作用在内,将来的潜力非常大,将会成为不可忽视的存在。

值得一提的冒险精神

在 2018 年 5 月发表决算的记者招待会上,丰田汽车的社长丰田章男传达了这样一个信息。这是对丰田在向出行公司转型时,将如何进行创新这一问题的回答。

"即使做好了创新的准备,创新也不会突然发生。要先从仿制(模仿)开始。接下来是改善的方法。在此基础上产生了创新。"

丰田的事业也是从模仿开始的,为世界的汽车产业创造了巨大的创新。对丰田来说,纺织机和汽车都是从冒险开始的产业。

正因为从一无所有开始行动,实现了改革,才有现在的成功。当从战后的荒野中复活时,大胆地进行着模仿的日本的风险企业正追逐着成功的梦。

现在,自尊心很强的大企业在维持现状的经营中既没有模仿,也没有行动。从什么时候开始,日本企业就染上了如此冥顽不化的文化呢? 不经历风浪,沿袭先例,一毫米也不愿改变现在的做法。在这种保守文化中,要在 CASE 革命中立于不败之地是很难的。

瞄准汽车产业的竞争对手不仅有优步、滴滴出行等新兴企业,还有谷歌、苹果等大型 IT 企业。不久的将来的威胁并不一定是由这样的现有势力带来的。既有像亚马逊那样全新的技术企业进入的可能性,也有从新兴企业中产生新的技术企业的可能性。中国的国家战略有可能产生新的竞争威胁。

　　汽车产业已经到了发挥风险精神,点燃其灵魂的时候了。而且,孤身战斗的话肯定会输。这样的危机意识,也是丰田和软银合作,形成水与油般的合作的真正动机吧。

　　在 CASE 革命前夜的紧张气氛中,丰田似乎认为有必要进行一次打破外壳的改革。第四章提到的"互联日"通过直播连接了日本国内的 7 个会场,会场挤满了满怀构筑下一代移动社会热情的新兴企业的年轻人。丰田章男对他们说了下面这些话,在向他们展示了结成永恒伙伴的决心的同时,还高高地举起了食指(见图 9 - 4)。

图 9 - 4　丰田章男在 2018 年 6 月的互联日(The Connected Day)上向参加者呼吁

资料来源: 丰田汽车

　　"从制造汽车的公司,向提供与出行相关的所有服务的出行公司转型。大家要不要一起创造未来的出行？赞同的诸位，请举起这个手指！"

通用、戴姆勒、丰田的新三国志

在发达国家的汽车产业中，在实施互联战略、领导基础建设的戴姆勒、丰田、福特之外，还有研发了车载信息系统通用安吉星（Onstar）和共享服务平台 Maven 并与 IBM 等建立了广泛合作关系的通用，这 4 家公司都处于领先地位。进入 2018 年后，加上追赶它们并发动了互联战略的大众、雷诺-日产-三菱，共有 6 家公司在 MaaS 领域成为核心。

其中，通用、戴姆勒、丰田的新三国志战斗场景浮出水面。从总体上看，这三家公司的竞争优势包括：构建互联基础的速度，构建出行服务平台生态系统，包括自动运行、市场占有率、汽车份额等在内的出行服务领域的技术基础。丰田和马自达、铃木、斯巴鲁等合作伙伴的合作也将成为一种优势。

与这 6 家核心公司的方法相同，大规模的出行服务基础的构筑，是小规模汽车制造商无法实施的。马自达、铃木、斯巴鲁、大发工业等日本主要厂家都朝着有效利用丰田构筑的基础的方向发展。但是，出行服务平台并不是完全相乘的意思。例如，在马自达，其数据中心的方向是与丰田合并，但是在出行服务平台方面似乎在寻找自己公司专用的基础。在多媒体领域，将与丰田、松下、苹果、谷歌等进行广泛的合作。

但是，仅仅在出行领域讨论 2030 年的竞争力是不够的。到了 2030 年，也只不过是 CASE 革命过渡期的初期阶段。决出胜负的话为时过早。传统的汽车业务收益基础在 2030 年阶段也占有重要的部分。忽视它是本末倒置，也不会成为出行的胜利者。

本田、雪铁龙、克莱斯勒、现代汽车等中型汽车制造商，在出行服务领域不仅要构建自己的基础，还必须与上述 6 家核心企业进行基础合作，与互联网公司四大巨头制定平衡的合作战略。因此，公开地将本公司应对的部分和与其他公司展开合作的部分分割就变得尤为重要。

到 2030 年，汽车零部件行业将迎来大改变的浪潮。前文已经指出，在出行服务的产业结构中，汽车制造商和一级供应商、二级供应商的关系将趋向平等。但是，如果战略合作伙伴不被选为量产合作伙伴，一级供应商有跌落到丧失附加价值的 1.5 级供应商的风险。如果拥有综合控制车的基本功能的研发能力和有见解的战略伙伴，就可以升级为 0.5 级供应商，将出行服务车辆提供给运营商。博世、大陆、安波福、马自达都对车辆研发充满热情。采埃孚和电装也很有可能采取措施弥补出行服务车辆生产方面的落后。

为了能作为量产伙伴生存下来，就必须成为具有工程能力的系统供应商。从奥托立夫（Autoliv）公司中分离出来的电子业务维宁尔（Veoneer）、爱信精机、天合汽车等公司也有可能提出为了生存的企业收购和战略合作等。

本田能幸存下来吗

在 CASE 革命中，本田的未来存在感中弥漫着不确定性。本田在世界汽车产业中算是中等规模的，近年来汽车技术的落后也令人担忧，在出行服务方面人工智能和 IT 等重要技术也相对落后。

的确，近年来汽车产业在成本竞争力方面处于劣势，一时被评价为顶峰的发动机技术现在也趋于平庸。从品质问题开始，本田在美国的收益率下降，而混合动力汽车方面与丰田相比完全没有优势。

过去和索尼并驾齐驱的代表性企业本田为什么没有以前的气势？其中，存在21世纪头十年就有苗头的经营努力的欠缺（即大企业病）和以摆脱其停滞为目标的被称为"2020年愿景"的构造转换失败的漫长历史背景。

总而言之，本田在21世纪头十年美国的住宅泡沫中被高收益、高增长所宠坏，错过了欧洲汽车产业计划的竞争力的转变良机和新兴国家需求的分散转换的机会，其调整计划的反击也显得迟钝，本田在技术水平低下和品牌个性丧失的迷宫中迷路，导致其无法兼顾规模扩大和对出口的严重依赖。

本田经营体系的特点是，区域完全独立决策，在各个地区，营业（S）、生产（E）、研发（D）一体推进商品研发的"SED"是成功的源泉。但是，即使各地区零散地推进SED，也不能让追求效率的欧洲战略发挥竞争力。研发效率恶化的结果，就是关键技术的研究能力和动力都下降了。

作为新社长登场的八乡隆弘，为了挽回汽车业务的成本竞争力，从2017年开始发起"SED2.0"，制定了使区域零散的汽车设计整体最佳的体系结构，推进了以电动化为目标的模块化单元设计。虽然比起马自达的天空激活和丰田的TNGA仍很落后，但这是不可或缺的基础。

"即使否定了以往的做法，也需要改变。现在需要以'脱胎换骨'的心情改变生活。换句话说，不是从明天开始慢慢散步的速度，而是必须以不断新陈代谢的态度重新审视生活的状态。这种危机意识是 SED2.0 的意识，是最根本的部分。"

担任 SED2.0 项目负责人的八乡隆弘，通过公司内部报告，向公司内部提出思想意识革新的重要性。

此外，他还重新定义了竞争领域和协调领域，并制定了在协调领域采用的开放创新方针。本田在车外领域的首次合作，是与通用汽车在燃料电池车的研发和制造方面的合作。在自动驾驶车方面与通用和微摩两家公司合作，从通用获得了北美锂离子电池供应，近年来合作战略加速推进。

本田有挽回的机会，但又在哪里呢？拥有世界上最大的摩托车、通用（发电机）产品、本田喷气等有竞争力的出行业务是该公司的独特之处。在这三个业务中，拥有每年有 2 000 万用户接触的平台是毋庸置疑的强项。如果能将这个领域物联网化，构筑利用人工智能技术展开的出行服务平台的话，就会成为有趣的现象。

在新的出行产业中是发挥本田式的存在感并走向复活呢，还是企业寿终正寝而逐渐衰落呢？可以说，本田正站在十字路口。在日本的汽车产业中，如果只有以丰田为核心的日本联盟，很可能会导致丰田的自满。只有和美国、德国一样，存在坚固的第二和第三名棋手，才能建立起充满紧张感的竞争。可以说，本田的复兴对日本的汽车产业来说是不可或缺的。

TNGA 二代和 TNGA 三代

如前所述，TNGA 体现了积极采用世界标准的体系结构，丰田的"制造好车"，是与大众的 MQB 和日产的 CMF 相同的方法。这是丰田章男从 2012 年开始制定的战略，以"提高商品力→打造智能汽车（即 TNGA）→成本降低→商品力提高"的成长循环为目标。

仅仅 10 年前的丰田处于濒死状态的记忆也渐渐淡薄了。在前社长渡边捷昭时代，丰田犯了两个错误：一是忘记传统的"价格－利润＝成本"的思想，用"成本＋利润＝价格"追求数量，歪曲了丰田本来的"成本降低→商品力提高→台数增长→成本降低"的增长循环。二是崇尚和专注于丰田 TS 这一丰田的技术标准，落后于世界的标准化。TNGA 修正了故步自封的丰田标准，开始往面向世界标准化的汽车制造转换了。

但是，也可以看到 TNGA 的问题。即使向 33 万名员工呼吁"制造好车"，其接受方法也各不相同。全体员工以好车为目标的结果是，近几年丰田的汽车装备满载，车重、价格也相应提高了。脱离这种"重""高"的平台是近年来开始的 TNGA 二代的目标。如果换个角度来说明的话，所谓 TNGA 二代的努力，就是日本制造业能否在中国的汽车产业中发挥竞争力的战斗。

丰田也需要进行毫无禁忌的成本改善以及固定费用结构的改变。最近，丰田向总部的间接领域（白领）引入了 TPS，据说正在挑战七种浪费。这七种浪费有"会议的浪费""提前的浪费""资料的浪费""调整的浪费""'上司的无谓自尊'的浪费""'老一套'的浪费"和"'游手好闲'的浪费"。确实，这听起来像是精神论调，但是认真做事正是丰田的特征，这也在成本降低上发挥了作用。

非常有意思的是，虽然 TNGA 二代才刚刚开始，但同时电动汽车领域的 TNGA 三代的努力也已经开始了（见图 9-5）。以 2025 年为界，CASE 革命所涉及的汽车的变革将会产生巨

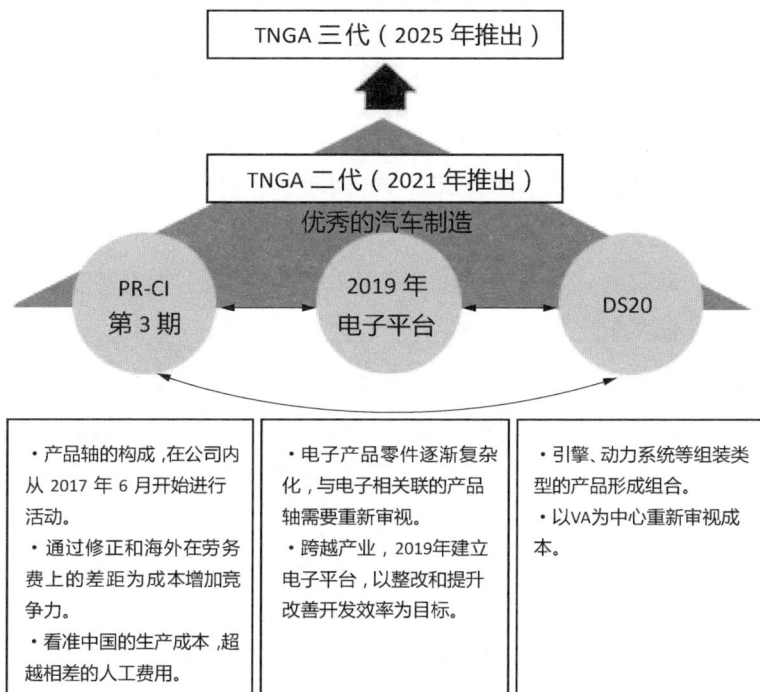

图 9-5　丰田汽车 TNGA 二代的框架概念图

资料来源：中西汽车产业研究所

大的进展。从现阶段开始，如果不能将预测的变化落实到产品制造上，就无法取胜。

铃木的选择

　　半个世纪以来让铃木汽车稳居印度市场份额第一的铃木修会长，为了巩固丰田和铃木汽车的历史合作，在 2016 年 9 月拜访了丰田汽车的名誉会长丰田章一郎。

　　铃木于 2009 年 12 月与大众进行资本、业务合作。大众-铃木联盟本应形成超越丰田、通用的世界首位联盟。但是，铃木与大众的合作不到一年就结束了，面对来自大众的敌对性收购和控制企图，铃木不敢继续合作。铃木于 2011 年 11 月向国际仲裁法院提出解除合同和回购大众持有的铃木股票的诉讼，展开了法庭内外的斗争，并在持续四年的斗争中取得了奇迹般的胜利。

丰田家族和铃木家族的缘分不可思议。两家均发源于静冈县西部远州地区，都是从织机工业发展为汽车产业的。丰田家的家业源于丰田自动织机，丰田过去两次拯救了铃木的经营危机。丰田名誉会长说，在铃木与大众合作时，对于铃木的前途非常担心。两家公司的历史性关系，以及丰田名誉会长和铃木会长的个人关系，一直都很和谐。

"仅靠磨炼良品廉价的传统技术，是无法在今后的汽车产业中生存下去的。请丰田先生协助我们。"

铃木会长坦率地寻求与丰田的合作。丰田名誉会长私自许下诺言，会同长子丰田社长沟通。之后，即 5 个月后，双方发表了就多项业务签订的合作协议书，于 2018 年 5 月正式公布了以印度为中心的技术合作内容。同乡之情的日本企业携手合作，在汽车产业的国家间竞争中取胜的姿态究竟是怎样的形式呢？引领日本国内汽车产业的两位杰出的老资格经营者，指出了要在国家间竞争中生存下去，应该与伙伴们团结一致的方向。

面向 2030 年，铃木宣布将在印度生产、销售 500 万台汽车。如果铃木无法独自实现的话，小型车将由铃木负责，大型车可能与丰田合作。铃木、丰田不仅在印度业务上联手，将来有希望在非洲业务上合作，并且与丰田通商合作。

"今年（2018 年）1 月 30 日我迎来了八十八岁寿辰。我来铃木六十年,当了四十年首席执行官,比创业者(铃木道雄)担任的时间更长。创业 100 周年的日子将在 2 年后到来,但铃木之所以能做到这一步,多亏了创始人道雄先生的投入。这次,在印度以前途未卜的 500 万台销量为目标,年轻的经营者没有领导能力是不行的。虽然不知道是去地狱还是去极乐世界,但是 2030年左右的印度到底会是怎样的呢? 应该能理解我急着想一窥究竟的心情吧。"铃木会长在和往常一样憧憬着未来,对笔者莞尔一笑。

日本的战略及其陷阱

丰田集团的 1 000 万台汽车,加上与丰田有合作关系的铃木、马自达、斯巴鲁合计达到了 1 600 万台的销售台数。这接近世界汽车销售台数的 20％。在拥有这些合作伙伴的基础上,开展 CASE 革命,摸索能够对抗其他汽车制造商的生存策略是丰田的战略,目前已经变成日本战略的雏形了。

为了应对 CASE 革命,竞争对手在德国组成了强有力的队伍。既然如此,日本就应该在丰田组队对抗,从中磨炼出世界标准技术。这绝不是加拉帕戈斯化的志向,而是以世界标准水平为目标的第一步。丰田拥有 1 600 万台规模的志同道合的伙伴基础。规模本身就是强有力的竞争力。

本书中,对以丰田为核心的各种丰田的联盟进行了解说。如面向电动汽车的基础技术研发公司 EV－CAS,丰田和松下在车载用各型电池方面的协作研究、自动驾驶软件的先行研发公司 TRI－AD,研发其综合电子控制单元的是电装、爱信精机、爱德克斯、捷太格特四家合资公司。在电动汽车方面,电装和爱信精机成立了对等合资公司,以混合动力为中心的驱动模块将在全球范围内推广销售。

在制造领域集中丰田集团的力量具有毫无疑问的优势。同时，不可否认的是，被以往的讨价还价和企业间的利己主义所左右的低效率的世界仍然存在。在汽车的"行驶、转弯、停止"的系统研发中，已无余力争夺战线了。持续采取低效策略的丰田集团，给人留下产业过于分散的印象。

与为了生存而改革的欧洲势力形成鲜明对比的是，日本国内汽车零部件产业在长期的繁荣和高额的产值下，给人一种缺乏危机意识的印象。支撑日本汽车产业的国际竞争力，无疑是零部件制造厂的制造力量。但是，汽车的附加价值开始向软件转变，面向要求高度 IT 技术、连接与合作的时代。欧洲势力反复进行企业并购，除了核心业务以外，积极进行派生业务，并重新审视投资组合。大陆、奥托立夫、安波福等公司也在痛苦中积极加快组建应对 CASE 革命的组织。

刚刚已经提到中国新能源汽车政策的真正目的是什么。再重复一遍，其战略不是用新能源汽车占据整个市场，而是凭借电池的竞争力位居世界第一。搭载廉价电池的中国混合动力汽车，能够有效地控制电动内燃机，将会压制住少量电池高耗油的丰田混合动力技术的竞争力。之后，包括中国的混合动力汽车在内的新能源汽车只要进行动力传动系统的分散就可以了。

日本相应的战略是什么呢？将混合技术推广到全世界，抑制新能源汽车的普及无疑是在争取时间。还有尽早研发代替新能源汽车的下一代能源车（例如燃料电池车），在不输给中国的下一代电池研发上领先。这些确实是可以取胜的产业政策。但是，这一成功意味着在不久的将来，真正不需要发动机的出行社会即将到来。

　　不要对如今已成为成功关键因素的制造力量骄傲自满。若有"因为品质高,所以成本高"的心态,就难免会重蹈电机产业的覆辙。现在,汽车产业需要从内部推进改革的前沿精神,思考什么是能赢的制造,需要构筑什么样的新能力。对于汽车产业来说,没有比现在更需要经营者的信念和资质的时代了。

参考文献

［1］アーサー・ディ・リトル・ジャパン. モビリティ進化論 [M]. 東京：日経 BP 社,2018.

［2］インエス・ベルガー,岡山朋子訳. ドイツ帝国の正体——ユーロ圏最悪の格差社会 [M]. 東京：早川書房,2016.

［3］井熊均.「自動運転」が拓く巨大市場——2020 年に本格化するスマートモビリティビジネスの行方 [M]. 東京：日刊工業新聞社,2013.

［4］井熊均,井上岳.「自動運転」ビジネス勝利の法則——レベル3をめぐる新たな攻防 [M]. 東京：日刊工業新聞社,2017.

［5］泉田良補. Google vs トヨタ——「自動運転」は始まりにすぎない [M]. 東京：KADOKAWA 角川书店,2014.

［6］井上久男. 自動車会社が消える日 [M]. 東京：文藝春秋,2017.

［7］小川紘一. オープン＆クローズ戦略——日本企業再興の条件 [M]. 東京：翔泳社,2014.

［8］風間智英. 決定版 EVシフト [M]. 東京：東洋経済新報社,2018.

［9］デルフィスITワークス.トヨタとGAZOO戦略ビジネスモデルのすべて［M］.東京：中央経済社,2001.

［10］デロイトトーマツ コンサルティング.モビリティー革命2030——自動車産業の破壊と創造［M］.東京：日経BP社,2016.

［11］徳田昭雄,小川紘一,立本博文.オーブン・イノベーション・システム欧州における自動車組込みシステムの開発と標準化［M］.京都：晃洋書房,2011.

［12］長島聡.日本型インダストリー4.0［M］.東京：日本経済新聞出版社,2015.

［13］中西孝樹.トヨタ対VW(フォルクスワーゲン)2020年の覇者をめざす最強企業［M］.東京：日本経済新聞出版社,2013.

［14］中村吉明.AIが変えるクルマの未来——自動車産業への警鐘と期待［M］.東京：NTT出版,2017.

［15］桃田健史.アップル、グーグルが自動車産業を乗っとる日［M］.東京：洋泉社,2014.

致　谢

　　撰写即将面临的"CASE 革命"的汽车产业未来，是笔者近年来的梦想。为实现这一目标，这次得到了很多人的协助。笔者受到了本书中登场的汽车公司、汽车零部件公司等的 IR、宣传负责人等的照顾。借此机会，深表谢意。另外，丰田汽车株式会社涉外宣传部的敦贺由里香女士也给予了特别的帮助，再次表示感谢。

　　本书获得出版机会，得到了日本经济新闻出版社渡边一先生非常有益的建议，并且获得了他很大的支持。对此深表感谢。

　　感谢我们从事数据收集、编辑、校订、杂务和执笔的各位实习生：早稻田大学经济学研究科的王文超、王雨晨、铃木先生，国际基督教大学的村上君、饭塚君，加利福尼亚大学的萨拉（Sarah）和作为互联网技术担当的卡兹。以上工作人员的头衔都是当时的了，此处省略了敬称。

中西孝树

2018 年 10 月